Oldenbourg Interpretation
Band 9

Oldenbourg Interpretationen
Herausgegeben von
Klaus-Michael Bogdal und Clemens Kammler

begründet von
Rupert Hirschenauer (†) und Albrecht Weber

Band 9

Friedrich Dürrenmatt

Die Physiker

Interpretation von Oskar Keller

Oldenbourg

Die Seitenverweise in Klammern beziehen sich auf die in den Literaturangaben genannten Einzelausgaben.

Zitate sind halbfett gekennzeichnet.

CIP-Titelaufnahme der Deutschen Bibliothek

Keller, Oskar:
Friedrich Dürrenmatt, Die Physiker: Interpretation von Oskar Keller. – 7., überarb. u. korrigierte Aufl. in der neuen Rechtschreibung – München: Oldenbourg, 1998
(Oldenbourg Interpretationen; Bd. 9)
ISBN 978-3-637-88617-9

Das Papier ist aus chlorfrei gebleichtem Zellstoff hergestellt, ist säurefrei und recyclingfähig.

© 1988 Oldenbourg Schulbuchverlag GmbH, München
www.oldenbourg-bsv.de

Bei Zitaten, Literaturangaben und Materialien im Anhang ist die neue Rechtschreibung z. T. noch nicht berücksichtigt.

7., überarbeitete und korrigierte Auflage 1998
Unveränderter Nachdruck   15   14   13   12   11
Die letzte Zahl bezeichnet das Jahr des Drucks.

Umschlagkonzept: Mendell & Oberer, München
Umschlaggestaltung: Stefanie Bruttel
Umschlagbild: © IFA-Bilderteam, Ottobrunn/München; Fotografin: Birgit Koch
Gestaltung Innenteil: Gorbach GmbH, Buchendorf
Lektorat: Ruth Bornefeld, Simone Riedel, München
Herstellung: Karina Hack, München
Satz: jürgen ullrich typosatz, Nördlingen
Druck und Bindung: Himmer AG, Augsburg

ISBN: 978-3-637-88617-9

Inhalt

1 Der Stoff

1.1 Jungk: »Heller als tausend Sonnen«

1956 erschien ein Buch, das sehr rasch zum Bestseller wurde: HELLER ALS TAUSEND SONNEN von dem Journalisten Robert Jungk. Der Untertitel: Das Schicksal der Atomforscher. Dieses Sachbuch gibt eine historische Darstellung der Voraussetzungen zur Entwicklung der Atombombe. Die Zürcher Zeitung Die Weltwoche brachte am 7. Dezember 1956 eine Rezension dieses Buches von DÜRREN-MATT. Wenn man den Zeitungsartikel liest, erkennt man sofort, wie sehr dieses Thema DÜRRENMATT faszinierte und wie sich bereits in der Rezension Gedanken bildeten, die sich in den PHYSIKERN zu Kernpunkten der Handlung verdichteten.

Ein Journalist hat es unternommen, der Geschichte der Atomforscher nachzugehen. Es ist ein spannendes Buch entstanden und ein wichtiges. Eine notwendige Information. Es tut gut, zu wissen, wie weit der Ast angesägt ist, auf dem wir sitzen. Eine Chronik vom Untergang einer Welt der reinen Vernunft. Robert Jungk verzichtet darauf, den Gegenstand der bedenklichen Forschung näher darzustellen, um den es hier geht, die Verhaltensweisen kleinster Teile von Materie, und zeichnet die Akteure.

Die Story: Der Verdacht, es liege im Bereich des menschlich Möglichen, eine Atombombe zu konstruieren, taucht als eine vorerst mehr absurde Idee mitten in den großen Erfolgen einer neuen Wissenschaft, der Kernphysik, auf; viele halten die Idee anfänglich für unmöglich, so Einstein, so Rutherford, und Hahn, der Entdecker der Kernspaltung, meint: das kann doch Gott nicht wollen. Hitler kommt an die Macht, die strohblonde Dummheit der Rassentheorie vernichtet die Internationalität der Wissenschaft, bedeutende Physiker emigrieren, bedeutende bleiben und das Mißtrauen wächst auf beiden Seiten. Doch dringt die Möglichkeit der Höllenbombe noch nicht zu den Politikern und im Sommer 1939 hätten noch zwölf Menschen durch gemeinsame Verabredung den Bau verhindern können (Heisenberg). Sie taten es nicht. Der ungarische Physiker Szilard veranlaßt im Krieg Einstein, sich an Roosevelt zu wenden, aus der Furcht heraus, Hitler konstruiere eine. So wird die Waffe aus einem Wettrüsten heraus entwickelt, das in Wahrheit nicht stattfindet: die deutschen Physiker ließen die Nationalsozialisten nicht auf die Idee kommen, vergeblich versuchen Einstein und Szilard, als der Krieg gegen Deutschland zu Ende ist und sich keine deutsche Atombombe findet, ihren Vorschlag rückgängig zu machen. Der Schreibtisch-General Groves hat die Sache schon in die Hand genommen und durchgepeitscht, riesige Fabrikanlagen sind entstanden, die Atomforscher unter Anführung Oppenheimers in die Macht der Militärs geraten, kaserniert und überwacht;

zwei Milliarden Dollar sind aufgewendet und so wird am 16. Juli 1945 die ›Trinity‹ zur Explosion gebracht, und im August fallen ›Thin Boy‹ und ›Fat Boy‹ auf ein schon kapitulationsbereites Japan.

Der weitere Verlauf ist noch tragischer. An die Stelle des fingierten Wettrüstens USA – Deutschland tritt das wirkliche USA – Sowjetunion, eingeleitet durch den irrsinnigen Versuch, die Atombombe geheim zu behalten, Wissenschaft als ein Staatsgeheimnis zu behandeln, kalter Krieg und Verrat, um endlich, als beide Mächte die Bombe besitzen, mit dem Bau der Wasserstoff- und der Dreistufenbombe – Waffen ohne Grenzen, ermöglicht durch die Elektronen-Rechenmaschine ›Maniac‹ = Wahnsinniger – die Menschheit als solche zu gefährden.

Die Aktualität dieses außerordentlichen Buches liegt jedoch nicht so sehr in der Chronik der Ereignisse, sondern im Umstand, daß gezeigt wird, inwiefern Wissen Macht sein kann und vor allem, wie aus Wissen Macht wird.

Das ungeheuerlichste Machtmittel der Gegenwart beruht auf einem so sublimen Wissen, daß die Frage lautet: Wie war es möglich, daß sich dieses spezielle, und durch die Schwierigkeiten seines Verstehens an sich geschützte Wissen in Macht umwandeln konnte, daß sich auf der menschlichen Ebene etwas Ähnliches ereignet wie auf der physikalischen, in der sich Materie in Energie verwandelte?

Dieser Prozeß wurde durch die Zertrümmerung einer internationalen Elite von Wissenschaftlern durch die Politik ausgelöst. Der Gedanke, welcher der Atombombe zugrunde liegt, die tiefe Einsicht in die Struktur der Materie, ist ein Gedanke der Menschheit, gleichsam vertreten durch eine kleine Elite von Forschern, und nicht von einer Nation zu pachten. Auch gibt es keine Möglichkeit, Denkbares geheim zu behalten. Jeder Denkprozeß ist wiederholbar. Das Problem der Atomkraft – die Atombombe ist nur ein Sonderfall dieses Problems – kann nur international gelöst werden. Durch Einigkeit der Wissenschaftler. Daß diese Voraussetzung schon durch Hitler zerstört wurde, schuf das Verhängnis. Es zwang die Physiker, ihr Wissen an eine Macht zu verraten, aus dem Reiche der reinen Vernunft in jenes einer Realität überzusiedeln, die noch weitgehend von nationalen Spannungen bestimmt wurde und bestimmt wird.

Ein Trost kann gewagt werden. Wenn wir die Atombombe überstehen, werden wir die Atomkraft einmal nötig haben. Auch die Elektrizität wurde zu einer Zeit entdeckt, als sie noch nicht ›nötig‹ war.

Was wir Technik nennen, ist etwas biologisch Notwendiges, doch muß der Mensch, der Einzelmensch, logischerweise, seine Erfindungen und Entdeckungen oft vor ihrer allgemeinen Notwendigkeit machen. Ein Teil der Technik ist immer vorweggenommene Zukunft. Was biologisch einmal notwendig sein wird, um das Leben der Menschheit zu ermöglichen, erscheint jetzt als ein Störfaktor, als eine Bedrohung des Lebens, aber gerade dadurch als Zeichen, daß die Politik und ihr letztes Mittel, der Krieg, nicht mehr stimmt. daß das menschliche Zusammenleben neu überdacht werden muß, die Organisation dieser Welt.

Das Prinzip, das der Wasserstoffbombe zugrunde liegt, entdeckte Houtermans, indem er über Vorgänge in der Sonne nachdachte. Das Pech Houtermans besteht darin, in einer Welt zu leben, in der eine gewisse Art von Denken offenbar gefährlich ist, wie das Rauchen in einer Pulverfabrik. Nun ist es unmöglich, die Pflicht, ein Dummkopf zu bleiben, als ethisches Prinzip aufzustellen. Die Frage lautet, wie sich die Physiker in der heutigen Welt verhalten müssen, und nicht nur die Physiker; Denken kann vielleicht überhaupt in Zukunft immer gefährlicher werden. Die Elite, von der Jungk berichtet, wäre dann nur ein Vorposten. Sie hatte insofern Erfolg, als sich ihre Berechnungen durch die Atombombe bestätigten, doch ihr Erfolg war ihr Versagen, denn sie konnte die Atombombe nur bauen, indem sie sich den Politikern und Militärs auslieferte. Ihr Fehler war es, daß sie nie als Einheit handelte, daß sie im Grunde die einmalige Stellung nie begriff, in der sie sich befand, daß sie sich weigerte, Entscheidungen zu fällen. Das Wissen fürchtete sich vor der Macht und lieferte sich deshalb den Mächten aus. Aus dieser Schwäche heraus, hoffte sie, daß die Politik der Atombombe gewachsen sein werde, daß die Politik realisiere, was sie selber nicht vermochte, doch war die Welt auf alles, nur nicht auf die Atombombe vorbereitet. Diese Waffe stellte nicht nur neue Aufgaben, die noch niemand vorher überdacht hatte, sondern auch Vorbedingungen, die nicht nur nicht erfüllt, sondern auch nie geplant waren. Alle Resolutionen der Wissenschaftler, auch der Frank-Report, kamen zu spät – oder besser, richteten sich an eine Menschheit, die gar nicht in der Lage war, diese Forderungen zu realisieren – es sind Forderungen an eine imaginäre Welt, Forderungen, nicht zu sündigen nach dem Sündenfall. Über die Atomkraft verfügen nun die, die sie nicht begreifen. Es ist daher nicht zu bestreiten, daß die Elite versagte, der Ausspruch des Mathematikers Hilpert, den Jungk überliefert, daß die Physik für die Physiker zu schwer sei, bestätigte sich auf eine gespenstische Weise; wie dieses Versagen bei den Hauptakteuren zu Tage tritt, zeigt Jungk erschütternd. Der Abwurf der Bomben auf Japan, ja auch der Bau der Wasserstoffbombe hätte vermieden werden können. Im Grunde wußte niemand, was er tun sollte. Was ›technisch süß‹ war, verführte die meisten, und oft war es einfach nicht möglich, schuldlos zu bleiben. Daß alles menschlich verständlich ist, macht die Geschichte teuflisch. So entsteht schließlich der Eindruck, daß all diese apokalyptischen Bomben nicht erfunden wurden, sondern sich selber erfunden haben, um sich, unabhängig vom Willen Einzelner, vermittels der Materie Mensch zu verwirklichen.

Fassen wir zusammen, was der Journalist DÜRRENMATT 1956 als wichtig herausstellte.

1. Eine Chronik vom Untergang einer Welt der reinen Vernunft.

2. 1939 hätte ein Bund von 12 Physikern den Bau der Atombombe verhindern können.

3. Die Waffe wird aus einem Irrtum heraus entwickelt. Das Wettrüsten, das die Physiker in Amerika befürchten, findet nicht statt, da die deutschen Physiker die Machthaber in Deutschland nicht auf die Idee kommen lassen.

4. Einmal durch ihr Wissen in die Machtsphäre der Militärs geraten, werden die Wissenschaftler ohnmächtige Werkzeuge; ihr Wissen wird durch Technik in Macht verwandelt, die außerhalb ihres Einflussbereiches liegt.

5. Der Versuch, Wissenschaft als Staatsgeheimnis zu behandeln, mündet in Verrat und in ein hektisches Wettrüsten, das durch Waffen und Geräte (Maniac) ohne Grenzen die Menschheit gefährdet.

6. Wie war es möglich, dass sich ein so sublimes und durch die Schwierigkeiten seines Verstehens an sich geschütztes Wissen in Macht umwandeln kann?

   a) Die Zertrümmerung einer internationalen Elite von Wissenschaftlern durch die Politik schafft die Voraussetzung.

   b) Der Gedanke, der der Atombombe zugrunde liegt, ist ein Gedanke der Menschheit und nicht von einer Nation zu pachten.

   c) Jeder Denkprozess ist wiederholbar; auch gibt es keine Möglichkeit, Denkbares geheim zu halten.

   d) Das Problem der Atomkraft kann nur international gelöst werden durch Einigkeit der Wissenschaftler.

   e) Diese Voraussetzung wurde durch Hitler zerstört, was die Physiker zwang ihr Wissen an eine Macht zu verraten, aus dem Reich der reinen Vernunft in jenes der reinen Realität überzusiedeln.

7. Wenn wir die Atombombe überstehen, werden wir die Nutzung der Atomenergie in der Zukunft nötig haben.

8. Denken ist in der heutigen Welt gefährlich. Ein Dummkopf zu bleiben kann jedoch nicht zum ethischen Prinzip erhoben werden.

9. Das Verhalten der Wissenschaftler und der Menschheit muss neu überdacht werden.

10. Der Erfolg der Physiker war ihr Versagen: Indem sie sich den Mächtigen auslieferten, ihre einmalige Stellung nicht begriffen, konnten sie die Atombombe bauen.

11. Aufgrund der Unfähigkeit, selbst Entscheidungen zu fällen, hofften sie, dass die Politik realisiere, was sie selber nicht vermochten. Doch war die Welt auf alles, nur nicht auf die Atombombe vorbereitet, weshalb alle späteren Resolutionen Forderungen an eine imaginäre Welt waren.

12. Jungks Buch erweckt den Eindruck – und das macht die Geschichte teuflisch –, dass die Entwicklung zur Atombombe menschlich verständlich wird durch die verführerische Möglichkeit einer technischen Verwirklichung, dass sie nicht erfunden wurde, sondern sich selber erfunden habe, **um sich, unabhängig vom Willen Einzelner, vermittels der Materie Mensch zu verwirklichen.**

Der Kerngedanke, den Dürrenmatt in Jungks Buch herausstellt: **Wie** müssen sich die Physiker und nicht nur sie in unserer Welt verhalten?, ist auch zu einem Kernproblem in den PHYSIKERN geworden. Nicht nur im Thema, auch in den Einzelheiten erweist sich HELLER ALS TAUSEND SONNEN als Quelle für DIE PHYSIKER.

Schon auf Seite 7 wird in JUNGKS Buch zum ersten Mal das widerspruchsvolle Schicksal der Kernphysiker zwischen Wollen und wirklichem Tun ausgedrückt. Auch die Haltung Newtons, der die Verantwortung für die Folgen seines Forschens von sich weist, wird bei Jungk auf Seite 11 angesprochen. Ein anderer Bezug zwischen beiden Büchern findet sich auf den Seiten 34 ff., wo geschildert wird, wie die Wissenschaft in den Bannkreis der Politik gerät und manche Physiker Gefangene von Ideologien werden. Schließlich kann sogar das von Teller übersetzte Gedicht des ungarischen Poeten Ady als Kristallisationskern für den Psalm Salomos, den Weltraumfahrern zu singen gelten. Das Zurückhalten der Forschungsergebnisse aus Sorge vor den Folgen, wie es Szilard vorschlägt, wird von den anderen Forschern abgelehnt (54). Die Zurücknahme der Forschungsergebnisse wird zum Kernproblem des Gesprächs Möbius – Newton – Einstein (PHYSIKER, 68 ff.). Auf S. 82 wird der internationale Orden der 12 erwähnt, der in der Lage gewesen wäre, das Wissen für die Herstellung der Atombombe zurückzuhalten (PHYSIKER, 76). Auf den Seiten 110 ff. ist erstmals die Rede vom Joch kasernierter Forscherarbeit. Diese persönliche Unfreiheit in einer Art Schatzkammer des Militärs und der Politiker tritt besonders klar auf den Seiten 236 ff. zutage (PHYSIKER, 67 f.). Der Wissenschaftler in der politischen Entscheidung ist auf den Seiten 39, 190, 193 herausgestellt, während die Seiten 217–220 den Kreuzzug von Wissenschaftlern gegen die Gefährdung der Menschen durch die neuen Waffen schildern. Das Problem der persönlichen Verantwortung und die Frage, wie ein Wissenschaftler heute handeln sollte, wird sehr deutlich auf den Seiten 266 ff. dargelegt. Auch die Frage, was diese Wissenschaftler für Menschen sind, findet in JUNGKS Buch auf den Seiten 303 ff. und in den PHYSIKERN Raum.

Diese wenigen Beispiele zeigen, wie sehr auch im Material das Sachbuch von JUNGK für DÜRRENMATT wichtig wurde. Es ist nun interessant zu vergleichen, was aus diesem Material im Schauspiel geworden ist. In einer Vielzahl von Bildern und Geschichten zeigt JUNGK, wie die Kernphysiker, aus dem Raum ihrer wertfreien Forschung herausgerissen, in Konflikt mit den Realitäten der staatlichen Mächte geraten. Diese Konflikte haben bei den betroffenen Physikern verschiedene Wirkungen hervorgerufen. Das Hauptergebnis JUNGKS: Die Menschheit ist nicht reif genug um mit der Wissenschaft Schritt zu halten. Wäre sie es, könnte durch die Atomkraft ungeheuer Segensreiches geschaffen werden. Bis dieser Zeitpunkt der menschlichen Reife erreicht ist, glaubt JUNGK sich persönlich dafür einsetzen zu müssen, dass die Atombombenproduktion eingestellt und die Wissenschaft nicht mehr für militärische Zwecke eingesetzt wird. JUNGK kann also nur eine sehr persönliche Antwort auf die Fragen geben, die sein Buch aufwirft. Vor allem die Frage nach der persönlichen Verantwortung des Forschers, wie er es also mit seinen Erkenntnissen halten soll, lässt er offen.

Während JUNGK sich sehr konkret für das sachliche Problem ›Konflikt der Forscher mit den Vertretern der Macht‹ interessiert, gestaltet Dürrenmatt den Konflikt im menschlichen Raum. Er stellt die paradoxe Lage der Menschen in einer Welt dar, die in einer Übergangssituation steht. Die überlieferten Ordnungen behaupten sich noch, doch zeigt sich in grotesken Spiegelungen ihre Fragwürdigkeit und Unhaltbarkeit. Neue Handlungsweisen, neue Wertkategorien müssen gefunden werden um die veränderte Umweltsituation zu erfassen und zu bewältigen. Dennoch kann der Einzelne nicht aus der Gefangenschaft ausbrechen, er scheitert an der alten Denkweise. Trotz der Versuche, die Situation zu ändern durch das Zurückhalten ihres Wissens, werden die Physiker bei DÜRRENMATT nicht aus ihrer Verantwortung und Schuld entlassen. Gerade die Tatsache, dass sie zu spät erkannten, wie sehr die Auswirkungen ihrer Forschung alle Menschen angehen (Pkt. 16), und dass sie nur durch alle gelöst werden können (Pkt. 17), ist Teil ihrer Schuld. Nicht die Zurücknahme der Erkenntnisse, sondern die Vorbereitung und Erziehung der Menschen zur Bewältigung ihrer Konsequenzen wäre Teil ihrer Verantwortung, also ihre Aufgabe (Dialog Newton–Voß). Dass sie sich als Einzelne, als elitäre Gruppe durch ihre falsche Entscheidung von der übrigen Menschheit absondern, sie in der Dummheit lassen wollen, obwohl das Denkbare früher oder später auch gedacht werden wird, gerade diese Entscheidung wirft sie zurück auf die Ebene der Ärztin, ist von ihrer Denkweise kaum verschieden, sodass sie folgerichtig sich ihrer Macht nicht entziehen können.

In JUNGKS Buch werden die Physiker bedenklich in die Nähe reiner Toren faustischer Provenienz gerückt, die von Bösewichtern und unfähigen oder kurzsichtigen Machthabern ausgenutzt werden. Diese gefährliche Perspektive wird bei DÜRRENMATT, so schauspielwirksam sie gewesen wäre, vermieden. Alle Repräsentanten im Schauspiel sind durch ihr Handeln schuldig geworden, sie alle haben zu egoistisch nur für sich Verantwortung tragen wollen. Im Schauspiel gibt es deshalb keinen Buhmann, keine persönlich beispielhafte Entscheidung, keine Lehre. Es gibt für den Zuschauer nur die Möglichkeit die Wirklichkeit zu erkennen, sich vor ihr zu drücken, **ihr standzuhalten oder sie gar zu bewältigen.** (Pkt. 21)

1.2 Dürrenmatt: »Die Physiker«

Die Handlung in den PHYSIKERN schreitet nicht in kontinuierlicher Entwicklung voran. Der dramatische Fortgang wird vielmehr getragen von bestimmten Situationen, in denen sich die dramatischen Grundprobleme zu Schwerpunkten verdichten. Der erste Akt lässt sich leicht in solche szenischen Situationen aufgliedern, die dialogischen Charakter haben.

Kriminalinspektor Voß – Newton

Schon die Hinführungsszene, das Gespräch zwischen der Oberschwester und dem Kriminalinspektor, verwischt die eindeutigen Grenzen zwischen richtiger und falscher Verhaltensweise. Die Maßstäbe für das rechte Beurteilen beginnen sich zu verwirren. Die Ordnungsbegriffe des Inspektors brechen sich an den dem Irrenhaus gemäßen Ordnungsvorstellungen. Das bisher Normale wird fragwürdig (**bin ich eigentlich verrückt?**, 17) unter dem Zwang, dem er sich unterwerfen muss (**und mich macht man fertig**, 17). Noch scheint alles bloß Vexierspiel zu sein, und doch hat sich seine Haltung für die kommende Situation bereits geändert. Newton führt dieses Spiel zwischen Verrücktheit und komischer Ernsthaftigkeit weiter. In systematischer Deutlichkeit erfährt der Inspektor, dass eigentlich nur die Irren ein von den Zwängen der Konventionen und Ordnungen freies, natürliches Leben führen. **Hier dürfen nur die Patienten rauchen und nicht die Besucher** (19) und nur die Verrückten dürfen sagen, was sie denken: **Mit der Schnur der Stehlampe. Auch eine Möglichkeit** (18). Eine Möglichkeit, ein Dilemma zu lösen, das Newton für seine Person am 12. August mit der Vorhangkordel gelöst hatte (20). Die verrückte Rücksichtnahme auf die Wahnvorstellungen der Patienten einerseits und die atavistische Rücksichtslosigkeit, mit der ein Dilemma gelöst zu werden pflegt (16, 17), lässt das Irrenhaus zu einem grotesken Zerrspiegel der Wirklichkeit werden, aus der der Inspektor kommt. Auch dort wirkt eine ähnliche Rollenhaftigkeit der Lebensführung, nur mit dem kleinen Unterschied, dass man in eingefahrener Konvention übereingekommen ist, sie als normal anzusehen. Genau diesen Fragenkreis geht Newton an, wenn er in hermeneutischer Weise fragwürdige Tatbestände der Außenwelt enthüllt. Dabei wird das Schillern zwischen Realität und Wahnidee der ungewohnten Einsicht sogar förderlich. **Sie sind hier der Kriminelle, Richard** (23).

Newton greift auch das Thema der Ordnungsvorstellungen wieder auf. **Ich ertrage Unordnung nicht. Ich bin eigentlich nur Physiker aus Ordnungsliebe geworden. – Um die scheinbare Unordnung in der Natur auf eine höhere Ordnung zurückzuführen** (19). Die Unordnung der normalen

Ordnungsbegriffe wird nun auf höherer Ebene einsichtig gemacht: **Möchten Sie mich verhaften, weil ich die Krankenschwester erdrosselt oder weil ich die Atombombe ermöglicht habe?** (22) Schlaglichtartig wird die Verwirrung um den Begriff Mörder deutlich, auf die auch schon die Oberschwester hingewiesen hatte (16). Einmal hat es die Ordnungsgewalt mit dem anscheinend eindeutigen kleinen Täter zu tun, während sie andererseits denjenigen, der Massenmorde ermöglicht, ungeschoren lässt.[1] Aber das ist noch nicht der Kerngedanke. Am Beispiel der allgemeinen Verwendung der Glühbirne lehrt Newton den Inspektor, wie beim Physiker die Erkenntnis der höheren Ordnung Grundlage seiner Einsichten ist. Die Techniker und damit die übrigen Menschen nützen unbeeinflusst vom Vorgang der Erkenntnis die Erfindung aus. Sie haben keine Ahnung mehr, aufgrund welcher Ordnungszusammenhänge sie durch Knopfdruck die Glühbirne zum Leuchten oder eine Atombombe zur Explosion bringen (22).

Nur weil er verrückt ist, wird Newton, der Mörder, nicht verhaftet. Durch seinen Hang zur höheren Ordnung hat Newton, der Wissenschaftler, die Einsicht in die Möglichkeit, atomare Reaktionen in chaotischer Form ablaufen zu lassen, geschaffen und damit das Chaos partiell oder global wenigstens riskiert. Doch deshalb wird in der Welt des Inspektors Voß weder Newton verhaftet noch der Techniker, der nur noch den Knopfdruck kennt, zum Schutz der Menschheit ins Irrenhaus gesteckt wie z. B. ein Primitivtäter, der genauso ohne Einsicht in die ursächlichen Zusammenhänge und Folgen handeln mag.

Was ist Ordnung? Welches ist die eigentlich verrückte Welt? Dieses Thema wird in den nächsten szenischen Situationen weitergeführt.

Kriminalinspektor – Frl. Doktor

Frl. v. Zahnd ist ein recht schwieriger Gesprächspartner. Mit ihrem Auftreten beherrscht sie die Bühne. Voß, der erfahrene Kriminalinspektor, muss sich damit begnügen, der Irrenärztin einen Wunsch des Staatsanwalts vorzutragen. Sie fügt sich auch nur dort, wo sie will. Selbst die Ordnung in ihrer Anstalt ist für sie ein untergeordnetes Mittel (25 f.). Stolz und Minderwertigkeitsgefühl mischen sich beim Hinweis auf ihren prominenten Stammbaum: Sie entstammt einer Familie, die zu herrschen gewohnt war.

So lenkt sie souverän das Gespräch und damit den Inspektor weiter in die Zweifel. Sie weist auf eine andere Kategorie der **Mörder** hin, die in Freiheit lebten oder leben, wie ihr Großvater, der Feldmarschall. Doch diese Unglücksfälle in Les Cerisiers scheinen unerklärlich. **Ebensogut könnten Sie oder ich Krankenschwestern erdrosseln. Es gibt medizinisch keine Erklärung für das Vorgefallene. Es sei denn –** (27). Und dann weckt sie im Inspektor einen ungeheuerlichen Verdacht, der das System der Ordnung in dem gewohnten Denken des Kriminalisten zum Einsturz bringen muss: **Sie denken an eine – Veränderung des Gehirns durch Radioaktivität?** (28) Damit eröffnet sich die totale Umkehrung. Bei einem solchen Tatbestand könnte die Welt des Inspektors ebenso zu einem Mörder- oder Irrenhaus werden. Was bei dem Gespräch mit Newton noch in der Entscheidung des Einzelnen gelegen hatte, wird nun erweitert zum anonymen Schicksal: Umkehr der Maßstäbe durch Einwirkung von außen.

Möbius – Familie Rose

Das ärztlich bewilligte Familientreffen enthüllt wieder die bürgerlich-konventionelle Ordnung in ihrer Starrheit. Alles ist angepasst an überkommene Formen. So hält es Frau Rose, geschiedene Möbius, **für schicklich, wenn meine Buben vor der Abreise ihren Vater kennenlernen. Zum ersten und letzten Mal** (32). Offensichtlich plagen diese Frau Unsicherheit und Schuldgefühle (33 f.). Nach zwanzigjähriger Ehe hat sie sich von ihrem Mann scheiden lassen um den Missionar Rose, Vater von sechs Buben, zu heiraten. In ihrer ersten Ehe hatte sie zuerst die Ausbildung ihres Mannes ermöglicht, und dann, als dieser vorzog statt einer Professur die Maske des Irrsinns anzunehmen, brachte Frau Möbius nicht nur die ganze Familie allein durch, sondern bezahlte auch noch die teuren Kosten für die Heilanstalt. In der neuen Ehe sind die Belastungen und Sorgen sicher nicht geringer. Wo liegen die Ursachen für diese merkwürdige Haltung? Diese mütterliche, gefühlige, sich an ihrem Opfersinn labende Frau braucht wohl die zum Schneckenhaus erstarrte bürgerliche Konvention, denn nur in dieser von humanen Motivationen getränkten Ordnungsstruktur erhält ein solches aufopferndes Wesen seinen tieferen Sinn. Nicht von ungefähr gibt sich hier auch die Ärztin ganz menschlich verstehend und mitfühlend.

Die Außenwelt manifestiert sich jetzt im Irrenhaus in einer grotesken Idylle, in der anscheinend alles in Ordnung und gut ist und höchstens eine **traurige, beklagenswerte Verirrung** (28) vorkommen kann. Diese festgelegte, christlich humane Bürgerlichkeit ist so von sich und der Richtigkeit ihrer Welthaltung überzeugt, dass nichts in ihrem **strammen Urteil** (28) sie unsicher machen kann. Sie glaubt sogar, diese Welt- und Geisteshaltung, die für jeden Tag und jede Gelegenheit ihren Bibelspruch hat, unter den sie alles einordnet, mit dessen Hilfe sie alles versteht, missionarisch in der Welt verbreiten zu sollen. Diese übertreibende Typisierung einer menschlichen Haltung, in der Pflicht, Tränen, Opfer und verbürgerlichte biblische Gesinnung zu leeren Verhaltenshülsen geworden sind, formt sich zu einer Szene makabrer Komik.

In diese geschlossene Atmosphäre bricht Möbius ein. Er stört schon durch sein bloßes Erscheinen die sich gegenseitig in ihrer gefühligen Humanität bestätigende Gesellschaft. Die Unterhaltung wird steif, formell, Möbius verunsichert die bisherige Übereinkunft durch einen sehr direkten, barschen Ton, mit dem er sich gegen diese Szene der Rührseligkeit wehrt. Doch niemand merkt es; die Schau eines harmonischen Familienidylls muss ablaufen, nicht wegen des leidenden Vaters, sondern der Selbstbestätigung dieser erstarrten Ordnung wegen. Mit Brutalität wehrt er sich gegen andressierte Innigkeit, mit einem Gegenpsalm gegen begrenzte bürgerliche Ordnungsschwelgerei, die sich mit Bibelsprüchen abzusichern glaubt und nicht merkt, wie sie dabei die echte Religiosität pervertiert. Möbius' Psalm ist kein Loblied mehr, sondern ein Fluch. Das Bewusstsein der Hybris des geistigen und technischen Abenteuers findet hier Ausdruck. Ein Abenteuer, das die gewohnten Grenzen sprengte und die Verlorenheit des Menschen offenbarte. In diesen unbehausten neuen Räumen offenbart sich die Ohnmacht Leitbilder, Wege, Ziele zu erkennen. Kein Weltbild mehr, sondern quälende Ver-rücktheit der gewohnten Harmonie, Hilflosigkeit und Un-menschlichkeit setzt Möbius in seiner fluchenden Vorausschau der übersehbaren, geordneten, in harmonischen Vorstellungen und Verhältnissen denkenden und lebenden Welt entgegen. (Vgl. Dürrenmatts Zeichnung ›Weltraumpsalm‹ S. 111.)

In der Familie Rose wurde sie in grotesker Verzerrung wieder deutlich und bedrängte ihn als eigene Vergangenheit, der er nur durch Flucht ins Irrenhaus glaubte entrinnen zu können. **Abschied für immer […] Auf diese humane Weise. Die Vergangenheit löscht man am besten mit einem wahnsinnigen Betragen aus […]** (44).

Schwester Monika Stettler – Möbius

Schwester Monika wird in den Regieanweisungen kaum erwähnt. Sie erscheint weniger als Person denn als Funktion. Ihr Auftritt rundet die Enthüllung der Ordnung und des Weltverhaltens, wie sie gewohnterweise üblich sind in der Welt, die die Regieanweisung zum 1. Akt schildert. Darüber hinaus bedeutet ihr Auftritt den Wendepunkt. Nur durch die Ermordung von Schwester Monika wird die Voraussetzung für die folgende Handlung geschaffen (vgl. Punkt 3, 4, 5, 7, 8). Sehen wir uns den Verlauf des Dialogs an.

In der Szene zuvor war Möbius mit seiner Vergangenheit konfrontiert worden. Durch die Abschiedsszene wollte er seine Abgeschlossenheit und sein Schicksal als Verrückter endgültig machen (38). Nun gesteht ihm die Schwester ihre Liebe. Die karitative Liebe, die sie ihrem Patienten entgegenbringt, wird subjektiv. Aus Caritas wird Eros.

Fünf Jahre habe ich nun die Kranken gepflegt, im Namen der Nächstenliebe. Ich habe mein Gesicht nie abgewendet, […] ich habe mich aufgeop-

fert. Aber nun will ich mich für jemanden allein aufopfern, [...] nicht immer für andere. Ich will für meinen Geliebten dasein [...] Ich will alles tun, was Sie von mir verlangen, für Sie arbeiten Tag und Nacht, nur fortschicken dürfen Sie mich nicht! Ich habe doch auch niemanden mehr auf der Welt als Sie! (49 f.)

Durch diese subjektive, personal bezogene Liebesbindung wird sie blind für ihren Patienten trotz ihrer völligen Ergebenheit. In der verstärkten pflegeschwesterlichen Mitleidenshaltung glaubt sie den Schlüssel zu Möbius gefunden zu haben. Indem sie auf sein Irresein eingeht und es als Realität für sich anerkennt, indem sie so ihre Eigenständigkeit aufgibt und sich trotz der Drohungen Möbius aufdrängt, bringt sie ihn in eine ausweglose Lage. Auch das Parallelgeschehen zwischen Einstein und Schwester Irene kann sie nicht abhalten: Es gibt nichts Unsinnigeres auf der Welt als die Raserei, mit der sich die Weiber aufopfern. (48) Diese Raserei kollidiert jedoch mit dem Verantwortungsbewusstsein, das Möbius zur Weltflucht bewogen hat. Schwester Monika schlüpft in seine Wahnwelt um ihn von der Möglichkeit eines privaten, persönlichen Glücks zu überzeugen. Sie behaupten, der König Salomo erscheine Ihnen. Warum verraten Sie auch ihn? (50) Er diktiert Dir das System aller möglichen Erfindungen. Kämpfst Du für seine Anerkennung? [...] Warum bist Du so mutlos? [...] Wir haben nicht nur an uns zu denken. Du bist auserwählt [...] Nun hast Du den Weg zu gehen, den das Wunder befiehlt, unbeirrbar, auch wenn der Weg durch Spott und Gelächter führt, durch Unglauben und Zweifel [...] er führt in die Öffentlichkeit, nicht in die Einsamkeit, er führt in den Kampf. Ich bin da, dir zu helfen, mit dir zu kämpfen, der Himmel, der dir Salomo schickte, schickte auch mich. (52) Möbius, der Familie, Karriere, persönliches Glück und Erfolg aufgegeben hat um die Welt vor seiner Erfindung zu bewahren, wird Schwester Monika umbringen, will er nicht sein aus Überzeugung gebrachtes Opfer für die Welt sinnlos werden lassen.

Die Opferbereitschaft von Schwester Monika und diejenige von Möbius kontrastieren. Möbius bringt sein Opfer, indem er sich von den Menschen, aus der Gesellschaft zurückzieht. Er wird durch seine Einsicht in die furchtbaren Folgen seiner Erfindungen für die Menschheit zum Mitleid aus Verantwortungsgefühl getrieben. Er will sich gleichsam als denkende Existenz aus der Gemeinschaft entfernen, sich annullieren. Nur so glaubt er die Menschheit vor den verheerenden Konsequenzen, die sein Denken bewirken würde, retten zu können.

Schwester Monikas Opferbereitschaft hat ihren Grund in dem Beruf, den sie ausübt. Aus der allgemein dem leidenden Menschen zugewandten humanitären Gesinnung kristallisiert sich das Mitleid für die persönliche

Not des Einzelnen, Möbius. Die Opferbereitschaft, die daraus herrührt, hat ihre Antriebskraft nicht mehr in der Nächstenliebe, sondern im egoistischen Besitzenwollen. Sie will mit ihrer Opfergesinnung in die Welt hineinwirken. In dieser Aktivität erlebt sie gerade die Bestätigung dieser Welt, mit der sie völlig konform geht. Sie gibt, damit ihr gegeben werde, und sei es auch nur Achtung vor ihrem entsagungsvollen Dienst.[2] Deshalb wirkt Schwester Monika auch so aggressiv, als ihr mit Möbius ein Mensch entgegentritt, der aus einer ganz anderen Konzeption des Opfers, nämlich als ein sich der Welt Versagender, handelt und auch der Schwester gegenüber sich versagt, ihr Opfer nicht annehmen will. Das Verhalten der beiden zeigt ein völliges gegenseitiges Missverstehen. Wenn Monika Stettler von Liebe spricht, meint sie persönliches Eheglück mit Möbius. Wenn Möbius zu Monika von Liebe spricht, so ist sie, die Schwester, nur ein Teil jener Menschheit, der er sich aus Liebe versagen muss.

Der 1. Akt wurde unter dem Aspekt des besonderen Charakters bestimmter szenischer Situationen betrachtet. Die Dichte solcher Szenen zeigt sich besonders in den Kontrasten. Schon in der Regieanweisung zum 1. Akt lebt diese Spannung auf. In den einzelnen Situationen wird dann die Handlung zwischen alltägliche Routine und Verhaltensweisen, die die gewohnte Alltäglichkeit in Frage stellen, gespannt. Vor allem die Dimensionen des Irrenhauses und seiner Bewohner erscheinen im Kontrast, der so stark ist, dass er eine eigene Dynamik entwickelt, der die Außenwelt nicht gewachsen ist. In den Szenen des 1. Aktes wurde die Aktion und Reaktion der Menschen in den einzelnen Situationen dargestellt. Sie mussten sich äußern und damit enthüllen. Bei aller strukturellen Geschlossenheit und Wucht der szenischen Situationen, die durch vielfältige Ausdrucksmittel verstärkt werden, liegt das Interessante in der Offenheit des Handlungsfortganges. Keine Motivierung oder Entwicklungskette lässt erkennen, welche Lösung angestrebt wird. Vielmehr drängen diese Szenen durch die Vielfältigkeit aller offen stehenden Möglichkeiten in der Handlung und durch die gespannte Geschlossenheit ihrer Struktur zu einer Art Explosion der Aussage, hinter der tiefer gehende Bezüge ein aufrüttelndes, unheimliches Geschehen ahnen lassen. Die Vieldeutigkeit der Aussage mindert nicht, sie scheint eher der adäquate Ausdruck einer zerbrochenen Gesellschaft zu sein, in der das wesentliche Kennzeichen einer funktionierenden menschlichen Ordnung sich auflöst: der differenzierte, wirkungsvolle Informationsaustausch durch eindeutig funktionierende Informationstechnik. Die Sprache und damit die Bildung der allgemeinen Welt- und Wert-Vorstellung ist gestört.

Nicht nur die szenischen Situationen, auch die Personenkonstellation in ihnen ist ein wichtiger Schlüssel zum Verständnis der Handlung. Die Personen oder Gruppen, die einander gegenübergestellt werden, lassen verschiedene Möglichkeiten einer Lösung durchscheinen, gerade weil bereits vorher die Entscheidung zur schlimmstmöglichen Wendung der Situation gefallen ist. Im 2. Akt zeigt sich dies recht deutlich.

2. Akt. Die ersten Szenen des 2. Aktes sind handlungsmäßig und von der Situation her eine Wiederholung des ersten. Dennoch ist der Inhalt durch die veränderten personalen Strukturen grundverschieden. Dies zeigt schon die Regieanweisung. Sie ist nur noch eine knappe Erinnerung. Was bei ihr im Vergleich zu der Regieanweisung zum 1. Akt an Farbigkeit und Hineinwirken in die Handlung fehlt, wird jetzt durch das gesprochene Wort ergänzt. Auf diese Weise gelingt wieder ein Kontrast zwischen Spielort und Handlung. Dieses Mal jedoch in umgekehrter Weise: Hat sich der Zuschauer im 1. Akt auf die Aufhebung bzw. Infragestellung der gewohnten Welt des Spielortes durch die Welt des Irrenhauses eingestellt, so wird im 2. Akt die Ordnung des Irrenhauses mit letzter Konsequenz aufgelöst. Dies reicht von der Aufhebung der äußerlichen Verhältnisse der Irrenhausrealität bis zur Verwandlung in ein Gefängnis. Damit werden die Realitäten aller Ordnungen in Frage gestellt und diese Tatsache hineingehoben in die vertraute Welt der Zuschauer. Für den Nachdenklichen enthüllen sie sich als eigentlicher Kern der Perversion.

Dr. v. Zahnd – Voß

Bei fast gleicher Situation haben sich die Verhaltensweisen der beiden Personen völlig verändert. Die für Einhaltung der Vorschriften sorgende Oberschwester ist verschwunden, aber der Inspektor lehnt die früher versagten, jetzt bereitwillig angebotenen Rauchwaren und Spirituosen ab. Er ist es jetzt, der immer wieder auf die im Irrenhaus üblichen Sprachregelungen und Ordnungen hinweist und damit die Ärztin offensichtlich zu irritieren scheint. Nichts scheint von ihrem früher zur Schau gestellten dominierenden Gehabe übrig geblieben zu sein. Ihr Selbstbewusstsein, so muss der Inspektor annehmen, ist durch diesen dritten Unglücksfall gebrochen. **Dieser dritte Unglücksfall hat mir in Les Cerisiers gerade noch gefehlt. Ich kann abdanken [...] Mein medizinischer Ruf ist dahin.** (55 f.) Der Inspektor bleibt davon noch ungerührt: **Der kommt schon wieder.** (56) Erst als der Täter Möbius ungerufen auftaucht und die Beweggründe für seine Tat nennt (**König Salomo befahl es.** [58]) und die Ärztin durch dieses Geständnis sichtlich betroffen ist (**Sie setzt sich wieder. Schwerfällig. Bleich.** [58]), erreicht sie die entschuldigende Nachsicht des Inspektors. **Entschuldigen Sie, Voß. Meine Nerven.** Inspektor: **Schon in Ordnung.** (58)

Es ist nützlich, das Bild der Ärztin zu vergegenwärtigen, wie es bisher dem Zuschauer gezeigt worden ist. Offensichtlich wird es keine eindeutige

Charakterisierung geben können, denn Frl. Doktor passt sich je nach szenischer Situation den Gegebenheiten an. Dem verwirrten Kriminalinspektor begegnet sie mit Imponiergehabe. Die einzige Tochter aus bedeutender Familie, reich und unabhängig, mit den Familienerlebnissen, wie sie in solchen Familien zahlreich sind: **Er haßte mich wie die Pest, er haßte überhaupt alle Menschen wie die Pest** (24), zeigt im Alter für diesen Vater, den Wirtschaftsführer, Verständnis. Sie identifiziert sich mit ihm gerade so weit, dass ihr Zusammenhang mit der bedeutenden Familie sein volles Gewicht behält ohne ihrem Ruf als menschenfreundliche Ärztin Abbruch zu tun (vgl. auch 26).

Der große Wert, den sie den Vorfahren ihn ihrem Leben einräumt, zeigt sich auch in der Darstellung der Portraits an hervorragendem Platz. Wahrscheinlich hat sie sogar ein gewisses Minderwertigkeitsgefühl diesen prominenten und aktiven Ahnen gegenüber entwickelt: **Die Rechnung ist aufgegangen. Nicht zu Gunsten der Welt, aber zu Gunsten einer alten, buckligen Jungfrau** (85). Nicht von ungefähr betont sie immer wieder ihre eigene Bedeutung in der fachmedizinischen Welt, auch die Möglichkeiten, die ihr das medizinische Wissen über die Patienten gibt: **Für wen sich meine Patienten halten, bestimme ich. Ich kenne sie weitaus besser als sie sich selber kennen.** (25) **Hat die Medizin Fortschritte gemacht oder nicht?** (26) Trotzdem bleibt ein Rest von Ungenügen am Beruf des Psychiaters, der sich mit philanthropischen Aufgaben begnügen muss. **Wir Irrenärzte bleiben nun einmal hoffnungslos romantische Philanthropen** (24). Mit einem Air der Prominenz überfährt sie den **Beamten vierzehnter Klasse** (57), demonstriert vor ihm ihr nervenärztliches Wissen (26 f.) und lässt ihn danach großzügig nach den Brocken ihrer medizinischen Kombinationsgabe schnappen (27).

Der Oberschwester gegenüber ist sie nur in äußerlichen Ordnungsfragen nachgiebig. Selbst die entgegenkommende Verbindlichkeit, die das Gespräch mit dem Inspektor bestimmte, ist von ihr abgefallen. Knapp und herrisch gibt sie die Anweisungen oder verlangt Informationen und duldet keine Widerrede.

In der Szene mit der Familie Rose ist sie ganz und gar mitfühlende Menschenfreundin. Mit Einfühlungsvermögen spielt sie ihren Part in der Demonstration kleinbürgerlicher Beschränktheit und Klischeebezogenheit. **Aber natürlich [...] Das Leben hat weiterzublühen.** Oder etwas später: **Prächtige Buben [...] Sie dürfen mit Vertrauen in die Zukunft blicken.** (32) Sie findet genau das tröstende und bestärkende Wort, auf das die Mutter aus Leidenschaft wartet. Die großherzige Geste am Schluss, mit der sie Möbius im Sanatorium behält, obwohl Frau Rose die Kosten nicht mehr bezahlen kann, vervollständigt den Eindruck vom guten, hilfsbereiten Menschen.

Nur leise wird ein Unbehagen wach, dass eine so vollendet geschickte Menschenbehandlung auch in der Manipulation menschlicher Handlungen und im bewussten Einsatz von Drogen (26) perfekt sein muss. Verstärkt wird diese Ahnung, wenn wie durch Zufall dem Zuschauer deutlich wird, dass nicht nur drei Morde im Irrenhaus unter fast gleichen Umständen geschahen, sondern dass auch die Motive für die Tat gleich waren: **Sie liebte mich und ich liebte sie. Das Dilemma war nur durch eine Vorhangkordel zu lösen.** (20) **Auch Schwester Irene und ich liebten uns. Sie wollte alles für mich tun […] Da erdrosselte ich sie.** (48) Darüber hinaus hatte auch die Ärztin sicher in zwei dieser Fälle die Bewilligung zur Heirat und zum Verlassen des Irrenhauses erteilt, obwohl sie diese Patienten für unheilbar ausgibt (27). Unter diesen Aspekten gewinnt die Irrenärztin eine ganz andere Dimension und ihr verändertes Verhalten dem Inspektor gegenüber zu Beginn des zweiten Aktes lässt vermuten, dass weniger eine echte Depression vorliegt als vielmehr wieder eine vollendet gelungene Täuschung ihres Partners. Mit intuitiver Sicherheit hat sie wohl den Wechsel in der Haltung des Inspektors zu den Vorfällen in Les Cerisiers erfasst und genau die richtige Rolle gespielt, die den Inspektor wieder täuschte. So ist das Resümee von Inspektor Voß: **Ich tue meine Pflicht, nehme Protokoll, besichtige die Leiche […] aber Möbius besichtige ich nicht. Den überlasse ich Ihnen. Endgültig. Mit den anderen radioaktiven Physikern** (55), eine Vorwegnahme des späteren Geschehens, die an tragische Ironie grenzt. Auch seine Gedanken, die er Möbius gegenüber äußert, sind in ihrem Doppelsinn zu sehen.

Kriminalinspektor Voß ist durch die Erlebnisse in der Irrenanstalt nachdenklich geworden. Er spielt nicht nur in dieser anderen Ordnung mit, die Ordnungen an sich sind für ihn fragwürdig geworden. Selbst die Gerechtigkeit, unter deren Gesetz er handeln muss, ist zwar für ihn absolut, aber menschlich nicht immer verständlich. Er nutzt nun die Chance bewusst, die ihm die Überschneidung der Ordnungen einräumt. Darin liegt wohl auch die Ursache für sein selbstsicheres, freies Handeln zu Beginn des 2. Aktes.

Wie der Polizeikommandant in DAS VERSPRECHEN war er eingespannt in das Joch seines Berufes und könnte es wie dieser so erklären: **[…] seit die Politiker auf eine so sträfliche Weise versagen […] hoffen die Leute eben, daß wenigstens die Polizei die Welt zu ordnen verstehe, wenn ich mir auch keine lausigere Hoffnung vorstellen kann. (13) […] Ich weiß, wie fragwürdig wir alle dastehen, wie wenig wir vermögen, wie leicht wir uns irren, aber auch, daß wir eben trotzdem handeln müssen, selbst wenn wir Gefahr laufen, falsch zu handeln. (15)**
Voß genießt jetzt die Befreiung vom Zwang zum Handeln, die ihm we-

nigstens die Sicherheit gibt, nicht falsch zu handeln. **Die Gerechtigkeit macht zum ersten Male Ferien, ein immenses Gefühl. Die Gerechtigkeit, mein Freund, strengt nämlich mächtig an, man ruiniert sich in ihrem Dienst, gesundheitlich und moralisch.** (60)

Eine erschreckende Charakterisierung der Welt und ihres grundlegenden Ordnungsfaktors! Die vielgesichtige Widersinnigkeit der Wirklichkeit, jenseits der über sie gelegten äußeren Ordnungssysteme, die Unmöglichkeit, sie mit dem ehrlichen Anspruch auf Wahrheit zu erfassen, sie führen den Inspektor zum Eingeständnis seiner Ohnmacht. Indem er sich aus ihren Ordnungsvorstellungen auf Zeit beurlaubt, gewinnt er die Freiheit, die Welt als Einzelner in seinem Bereich persönlich zu bewältigen. **Die Welt als ganze ist in Verwirrung [...] Die Welt des einzelnen dagegen ist noch zu bewältigen, hier gibt es noch Schuld und Sühne,** sagt DÜRRENMATT in den *THEATERSCHRIFTEN* (Th. 48)[4] wie zur Bestätigung dieses Handelns. Doch scheint ein solches Verhalten nur dem untergeordneten Inspektor zugestanden zu werden. An anderer Stelle meint DÜRRENMATT: **Die Welt steht für mich als ein Ungeheuer da, als ein Rätsel an Unheil, das hingenommen werden muß, vor dem es jedoch kein Kapitulieren geben darf.** (Th. 123) Und eben diese Kapitulation wird zur großen Frage im weiteren Verlauf des Stückes.

Möbius – Newton – Einstein

Dieser Personenkonstellation hat DÜRRENMATT die auch der Seitenzahl nach gewichtigste Szene eingeräumt. Sie bildet inhaltlich und in der Darstellung den Höhepunkt der Komödie. Alles führt auf sie zu. Sie scheint die beste Möglichkeit zu zeigen, wie der Einzelne vor dem **Rätsel an Unheil** nicht kapituliert und im rechten Handeln versucht die Gerechtigkeit und damit die verlorene Weltordnung wieder herzustellen.

Analog zu den beiden Untersuchungsszenen folgen zwei Szenen, die für den Zuschauer und die Akteure die Zusammenhänge enthüllen und ein mögliches und das schlimmstmögliche Ende darstellen. Die Enthüllungsszene I bietet wieder ein Musterbeispiel, wie mit inquisitorischer Schärfe Tatbestände analysiert und verdeutlicht werden bis zur Einsicht und der Fähigkeit, für sich persönlich ein Urteil zu fällen. Es ist ein typisch dürrenmattscher Einfall[5] das entscheidende Gespräch der drei Physiker während eines opulenten Abendessens stattfinden zu lassen. Dadurch entsteht eine groteske Spannung zwischen dem banalen Tischgespräch und dem unerbittlichen Herausschälen des letzten Kerns menschlicher Verantwortung in jedem Tun, was bereits im Gespräch Newton – Voß thematisch angeklungen war.

Newton und Einstein offenbaren Möbius ihren Geheimdienst-Auftrag.

Jeder der beiden möchte ihn für seinen Geheimdienst und zum Nutzen seines Staates aus dem Irrenhaus in die Welt entführen. Trotz völlig gegensätzlicher Einstellung und trotz der verschiedenen politischen Systeme offenbaren sie eine erschreckende Identität der Haltung. Da die Krankenschwestern die Wahrheit herausfanden, wurden sie von den beiden kaltblütig ermordet. **Der Vorfall tut mir außerordentlich leid.** [...] **Befehl ist Befehl** [...] **Ich durfte nicht anders handeln** [...] **Meine Mission stand in Frage, das geheimste Unternehmen unseres Geheimdienstes. Ich mußte töten,** [...] (Newton, [63]), und **Der Vorfall tut mir außerordentlich leid** [...] **Befehl ist Befehl** [...] **Ich konnte nicht anders handeln** [...] **Auch meine Mission stand in Frage, das geheimste Unternehmen auch meines Geheimdienstes** (Einstein, [65]). Diese Entschuldigungen für die Morde beinhalten ein deutliches Abschieben der Schuld und Verantwortung. In ihrer Steigerung bis zum ›Muss‹ zeigen sie die menschliche Unfreiheit vor dem Zwang des Auftrages einer politischen Macht. Sie geht bis zur Aufgabe der Menschenwürde. Während jedoch Newton nicht über den bloßen Zwang, seine Aufgabe zu erfüllen, hinauskommt, zeigt sich bei Einstein ein Unterschied. Einstein *konnte* nicht anders handeln. Hieraus spricht ein innerer Zwang aus Überzeugung für seinen Staat die Aufgabe erfüllen zu sollen, in einer Art Identifikation. Jedoch – trotz verschiedener Motivation: Das Resultat ist dasselbe!

Während dieser ›Henkersmahlzeit‹ im wörtlichen Sinne versuchen nun beide Agenten Möbius von seiner Pflicht zu überzeugen, seine Entdeckungen der Welt zur Verfügung zu stellen. Zuerst lockt Newton mit dem Nobelpreis, den zu erlangen für ihn nur eine Frage von Macht und Einfluss ist. Dieser äußerlichen Verlockung setzt Möbius seine Grundpositionen entgegen: **Was wir denken, hat seine Folgen. Es war meine Pflicht, die Auswirkungen zu studieren** [...] **Das Resultat ist verheerend. Neue unvorstellbare Energien würden freigesetzt und eine Technik ermöglicht, die jeder Phantasie spottet, falls meine Untersuchung in die Hände der Menschen fiele.** (69) Da Möbius hier nur auf das naturwissenschaftliche Denken und seine Folgen eingeht, zeigt auch er sehr deutlich die irrige Beschränkung. Er übersieht die Gefährlichkeit des Denkens allgemein, indem er den Logismus des naturwissenschaftlichen Denkens absolut setzt. **Was alle angeht, können nur alle lösen** (Punkt 17), weist dagegen eindeutig auf die Notwendigkeit des allgemeinen politischen Denkens hin als einer übergeordneten Realität. Trotz seiner Entscheidung, sein Wissen um der Rettung der Menschen willen zurückzuhalten, war dies die beschränkte Entscheidung fachspezifischen Denkens.

Deshalb kann Newton hier nahezu fugenlos seinen Standpunkt von der Freiheit der Wissenschaft Möbius entgegenhalten. Für Newton bedeutet

Freiheit, wenn er innerhalb eines Machtsystems in Ruhe gelassen wird, wenn er über sein Arbeitsgebiet hinaus keine Verantwortung zu tragen hat und wenn ihm so gute Arbeitsbedingungen gewährt werden, dass er wissenschaftliche Forschungsarbeit leisten kann. Dieser opportunistischen Haltung des Wissenschaftlers, der in Söldnermanier dem dient, der ihn gut bezahlt, und dafür Resultate abliefert ohne zu bedenken, was damit geschieht, kann Einstein nicht zustimmen. Er meint, dass der Physiker mit seiner Pionierarbeit für die Menschen sich auch ideologisch für die Macht entscheiden muss, der er seine Entdeckungen übergibt. In dieser Entscheidung für ein politisches System liege, so meint Eisler, auch die Möglichkeit Bedingungen zu stellen. Was Newton unter Freiheit der Wissenschaft verstehe und was am besten mit optimalen Arbeitsbedingungen bezeichnet werden könne, diese Möglichkeit gewähren heute alle politischen Systeme.

Die sich gegenseitig neutralisierenden Agenten geben Möbius die Möglichkeit ohne direkten Zwang zu wählen. Doch der eine kann nur gebundene Auftragsarbeit für den Wissenschaftler anbieten und der andere nur die Hoffnung, dass die Entscheidung für ein politisches System und für eine politische Haltung auch politische Einflussmöglichkeiten eröffnet. Das Fazit, das Möbius zieht: Beide Agenten können nur Ausnutzung in Unfreiheit bieten. Deshalb führen beide Möglichkeiten nicht über die hinaus, die Möbius vor dem Entschluss, im Irrenhaus seine Entdeckungen zu verbergen, gehabt hatte. **Es gibt Risiken, die man nicht eingehen darf: Der Untergang der Menschheit ist ein solches [...] Dieser Einsicht habe ich mein Handeln untergeordnet.** (73) Vernunft und Verantwortung forderten von Möbius diese Entscheidung. Nachdem die beiden Agenten, die gleichzeitig fähige Physiker sind, Möbius nicht überzeugen konnten, beginnt dieser die Beweggründe seines Handelns darzulegen.

Möbius spricht sie als Naturwissenschaftler an, die fähig sein müssen, vernünftig und ohne Denkfehler eine Lösung zu finden (72). Seine Darlegungen schildern den Endzeitcharakter der Naturwissenschaft und gipfeln in der Forderung vor der Wirklichkeit zu kapitulieren:

Wir sind in unserer Wissenschaft an die Grenzen des Erkennbaren gestoßen [...] Wir haben das Ende unseres Weges erreicht. Aber die Menschheit ist noch nicht so weit. Wir haben uns vorgekämpft, nun folgt uns niemand nach, wir sind ins Leere gestoßen. Unsere Wissenschaft ist schrecklich geworden, unsere Forschung gefährlich, unsere Erkenntnisse tödlich. Es gibt für uns Physiker nur noch die Kapitulation vor der Wirklichkeit. Sie ist uns nicht gewachsen. Sie geht an uns zugrunde. Wir müssen unser Wissen zurücknehmen, und ich habe es zurückgenommen. Es gibt keine andere Lösung, auch für euch nicht. (74)

Diese Forderung nach der Zurücknahme des Wissens bedeutet totale Resignation für die Wissenschaftler. Noch sind die Möglichkeiten des Denkens nicht erschöpft, doch der Mensch als Grundlage allen Denkens ist mit seiner Wirklichkeitsbewältigung am Ende. **Nur im Irrenhaus sind wir noch frei. Nur im Irrenhaus dürfen wir noch denken. In der Freiheit sind unsere Gedanken Sprengstoff.** (75) Zwar erkennen die beiden anderen Physiker die Vernünftigkeit dieser Lösung, doch können sie sie noch nicht für sich annehmen. Da erinnert Möbius an ihre persönliche Schuld. Sie alle sind Mörder; sie haben getötet, nicht als Verrückte, sondern für einen bestimmten Zweck. Die Aufträge der beiden Agenten haben sich als undurchführbar erwiesen. Sollen ihre Morde nicht sinnlos sein, so müssen sie sich dem Ziel anschließen, für das Möbius Schwester Monika getötet hat. **Sollen unsere Morde sinnlos werden? Entweder haben wir geopfert oder gemordet. Entweder bleiben wir im Irrenhaus oder die Welt wird eines. Entweder löschen wir uns im Gedächtnis der Menschen aus oder die Menschheit erlischt.** (75 f.) Beide, Newton und Einstein, erkennen, dass das Opfer der Schwestern jetzt sie verpflichtet zu eigenem Opfer (76 f.). Nicht unter Zwang, nicht auf Befehl bringen sie das Opfer lebenslänglichen Gefangenseins; Möbius hat sie überzeugt und freiwillig übernehmen sie ihre Schuld, und mit der Sühne erreichen sie das wieder, was sie als Agenten verloren hatten, ihre Menschenwürde. Einstein: **Johann Wilhelm Möbius. Ich bin ein anständiger Mensch. Ich bleibe.** (76)

Die Trinksprüche der drei Physiker auf ihre Opfer sind sakral gestimmt. Monikas persönliche Liebe und ihr Opfer haben den Bund der drei Physiker bewirkt. Ihre Liebe ist somit über die personale, enge Bindung hinausgewachsen zur Liebe, die die Menschheit retten wird. Möbius' Trinkspruch klingt wie ein Gebet. Die Assoziation entsteht, dass Schwester Monika als Märtyrerin die Erhaltung der Menschheit bewirkt, indem sie den neuen Bund der Unschuldigen begründet. Die Gnade dazu scheint möglich durch die Nächstenliebe, die auf der Vernunft und Einsicht basiert, dass Nichtwissen, dass Zurücknahme von Erkenntnissen die logische und verantwortungsvolle menschliche Haltung ist, die eine friedliche Existenz der Menschheit gewährleistet.

Selig sind die Armen im Geiste, denn ihrer ist das Himmelreich.[6] Auch diese Assoziation klingt an, wenn wir die letzten Sätze dieser Szene hören, und auch bei DÜRRENMATT, dem Berner Pfarrersohn, müssen sie in ironischer Hintergründigkeit mitgeschwungen haben. **Monika! Ich mußte dich opfern. Deine Liebe segne die Freundschaft, die wir drei Physiker in deinem Namen geschlossen haben. Gib uns die Kraft, als Narren das Geheimnis unserer Wissenschaft treu zu bewahren [...] Verrückt, aber weise. Gefangen, aber frei, Physiker, aber unschuldig.** (77)

Nachdem das große Ziel des Möbius, sich als denkende Existenz aus der Welt zu streichen, nur durch Schuldverstrickung (Mord an Schwester Monika) zu erreichen war, kann der Entschluss zur persönlichen Sühne (76 f.) die private Welt des Einzelnen für einen Augenblick in die Ordnung setzen, die für ein Dasein ohne Unruhe Voraussetzung ist. Umso tiefer wird dann die menschliche Verunsicherung, wenn durch die schlimmstmögliche Wendung zum Schluss auch diese persönliche Entscheidung zur Sühne vernichtet und die Welt des Privaten mit in die Verwirrung der Welt gerissen wird, in der es keine Schuld und Sühne mehr gibt. Was einem **Beamten 14. Klasse** (57), wie dem Kriminalkommissar, noch erlaubt ist, sich eine Pause zu gönnen im anstrengenden, ruinösen Dienst (60) für eine **verlorene Weltordnung** (Th. 123), indem er sich in die Unverbindlichkeit des Privaten zurückzieht, dieser Urlaub ins Persönliche kann den Physikern nicht mehr gewährt werden. DÜRRENMATT geht hier über seine Feststellung in den Theaterschriften 1957[7] hinaus: **Wie der einzelne die Welt besteht, oder wie er untergeht, ist das Thema [...] Nur im Privaten kann die Welt auch heute noch in Ordnung sein und der Frieden verwirklicht werden.** (Th. 48)

Frl. Doktor – Möbius – Newton – Einstein
Die Möglichkeit, durch Zurücknahme des Wissens und aufgrund einer persönlichen und damit heldischen Opferhaltung die Menschheit zu retten, wird in dem Schauspiel zur Illusion. Diese in sich geschlossene Entwicklung im einzelmenschlichen Bereich ist als bestmögliche Lösung nicht mehr möglich für alle (Punkt 16, 17, 18). So wird die menschlichste Lösungsmöglichkeit zur tragischen Ironie oder, was noch deutlicher ist, sie wird vom Zufall parodistisch aufgehoben.
Die Enthüllungsszene II ist das Lehrbeispiel für die Punkte 4, 5, 8, 9.

Die schlimmstmögliche Wendung ist nicht voraussehbar. Sie tritt durch Zufall ein. Die Kunst des Dramatikers besteht darin, in einer Handlung den Zufall möglichst wirksam einzusetzen. Je planmäßiger die Menschen vorgehen, desto wirksamer vermag sie der Zufall zu treffen. Planmäßig vorgehende Menschen wollen ein bestimmtes Ziel erreichen. Der Zufall trifft sie dann am schlimmsten, wenn sie durch ihn das Gegenteil ihres Ziels erreichen. Das, was sie befürchteten, was sie zu vermeiden versuchten (z. B. Oedipus). (Punkt 3, 4)

Dr. von Zahnd erscheint in dieser Konstellation als der personifizierte Zufall. Auch die Szenerie verändert sich in einer Weise, die nicht vorhersehbar war. Die Pfleger tragen jetzt schwarze Uniformen und Pistolen und ähneln so eher KZ-Wächtern denn Pflegern. Das Bild des Vaters der Ärztin, des Wirtschaftsführers und Geheimrats, wird ersetzt durch das Porträt ihres Großvaters Leonidas von Zahnd, des Generalfeldmarschalls. Auch das Verhalten des Frl. Doktor hat sich gewandelt. War sie bisher ihren Gesprächs-

partnern gegenüber verbindlich, sogar nachsichtig, so ist ihr Ton jetzt befehlend und rücksichtslos. Diese Veränderung der gesamten Atmosphäre – sie gleicht nicht mehr der eines Sanatoriums, viel eher der eines Gefängnisses oder KZs – wird eindeutig, als Möbius vorgeführt wird und in dem früher von der Ärztin gebrauchten sentimental-pathetischen Ton zu sprechen beginnt. Sie überhört es völlig und begegnet den drei Physikern, nachdem sie vor ihr stehen, mit strengster Nüchternheit, sachlicher Faktizität und Härte. Newton und Einstein werden entwaffnet, die Geheimsender sichergestellt und alle drei wie Gefangene vor einem KZ-Untersuchungsoffizier von grellem Scheinwerferlicht angestrahlt.
Wider Erwarten setzt kein Verhör ein. Vielmehr beginnt die Ärztin mit völlig gewandelter, schwärmerischer Art ihr Geheimnis zu enthüllen: Auch ihr erscheint Salomo. Aber bei ihr ist er ein goldener, gewaltiger König. Dieser herrscherliche Salomo, so sagt die Ärztin, wurde von Möbius verraten, da dieser die übertragene Weisheit nicht zur Herrschaft auf Erden benutzte.

> Aber Möbius verriet ihn. Er versuchte zu verschweigen, was nicht verschwiegen werden kann. Denn was ihm offenbart worden war, ist kein Geheimnis. Weil es denkbar ist. Alles Denkbare wird einmal gedacht. Jetzt oder in der Zukunft. Was Salomo gefunden hatte, kann einmal auch ein anderer finden, es sollte die Tat des goldenen Königs bleiben, das Mittel zu seiner heiligen Weltherrschaft und so suchte er mich auf, seine unwürdige Dienerin. (82)

Die Enthüllung der Ärztin ist das Auskosten eines persönlichen Triumphs. Wie sie die drei Physiker in totaler Weise beherrscht trotz deren Wissen, wie sie sie durch ihre medizinisch-psychotherapeutischen Kenntnisse manipulierte (82, 84), diese Enthüllungen zeigen sie nicht mehr als Menschenfreundin (24, 33), sondern als brutale und skrupellose Machtbesessene (79). Sie, der letzte Spross einer mächtigen, autochthonen Familie (24) mit einem hoffnungslosen Minderwertigkeitskomplex ihren Vorfahren gegenüber (24, 84 f.), sie nutzte die Chance, die ihr der Zufall mit Möbius in die Hand spielte, um die totale Macht auszuüben, wie sie keiner ihrer Vorfahren je besaß. **Unfruchtbar, nur zur Nächstenliebe geeignet. Da erbarmte sich Salomo meiner [...] Nun werde ich mächtiger sein als meine Väter. Mein Trust wird herrschen, die Länder, die Kontinente erobern, das Sonnensystem ausbeuten, nach dem Andromedanebel fahren. Die Rechnung ist aufgegangen. (84 f.)** Die Rechnung der Ärztin ist aufgegangen! Zielbewusst setzte sie menschliche Empfindungen, menschliche Wertvorstellungen, menschliche Opferbereitschaft und Verantwortung in ihrem Sinne ein. Alles Handeln im Schauspiel war nichts als ein Faktor, der weiter den Zielen der Ärztin entgegenführte. Für sich gesehen und in der beschränkten Zielsetzung betrachtet, war dieses Handeln und jedes Opfer sinnlos, grotesk, weil genau das Gegenteil erreicht wurde: Die Weltherrschaft in der Hand einer Verrückten, die aus Neidverhalten und Minderwertigkeitskomplexen heraus statt der Herrschaft der Nächstenliebe die Weltausbeutung betreiben will. **Nicht zu Gunsten der Welt, aber zu Gunsten einer alten, buckligen Jungfrau.** (84)

Die Frage bleibt, ob die Ärztin nun wirklich verrückt ist, wenn sie Möbius Verrat an Salomo vorwirft. Für Möbius ist er der stinkende und arme Bettlerkönig, dessen Psalmen sich in Flüche verwandeln. Er ist Symbol des Wandels der Herrschaft. Das alte, glanzvolle Herrschertum, das einst in der Weisheit, der Wahrheit und Gerechtigkeit ruhte, ist zerfallen. Nichts ist davon geblieben als die Sorge um die Verantwortung für die neue tödliche Wahrheit und um das Verschulden der Mächtigen (46).[8] Im nackten, armen König der Wahrheit (40) offenbart sich das Elend dieser modernen Herrschaft, die politische Entscheidungen treffen muss ohne noch die scheinbar umfassende Weisheit der früheren Könige haben zu können, ohne die Macht und das Vermögen und den Glauben für ihr Werk zu besitzen. Die ganze Unsicherheit und Brüchigkeit des modernen Macht- und Herrschaftsverständnisses wird in diesem Salomobild des Möbius erfasst, die Macht der modernen Wissenschaft, die fern jeder Weisheit kraft der Vernunft wohl immer das Richtige, doch selten das Wahre erkennen kann, nicht ausgeschlossen.

Was ist aber nun Salomo in der Wirklichkeit, wie sie die Ärztin sieht? Salomo ist der gewaltige, glanzvolle König, der im Besitz von Weisheit und Macht herrscht (82). Diese Machtausübung ist in jedem Sinn total. Er besitzt absolute Gewalt über Menschen und Länder; die Kraft seiner patriarchalischen Herrschaft liegt im unreflektierten Glauben, dass sein herrscherliches Wirken gut sei für die seiner Macht Unterworfenen und für die Verwirklichung einer transzendentalen Ordnung, mit der er sich identifiziert; so ist der Salomo der Ärztin Sinnbild einer anderen Herrschaftsform.[9]

Verrückt sind sowohl Möbius als auch die Ärztin nur in der Sicht dieses anderen Herrschaftsbildes, hinter dem die ihm immanente Ordnungsvorstellung steht. Irrenhaus und die Außenwelt, aber auch die Ärztin und Möbius sind so vertauschbare Größen innerhalb verschiedener Ordnungssysteme.[10]

Möbius will sein Wissen zurücknehmen, weil die Menschheit noch nicht so weit sei (74). Die Ärztin sieht die andere Alternative und wirft ihm deshalb Verrat vor. Mithilfe der von Salomo enthüllten Weisheit hätte gerade Möbius, der bis an die Grenzen des Erkennbaren gestoßen war, die

Herrschaft auf Erden ausüben sollen, im Namen, d. h. im Sinne des golde-nen Königs. Das Warten auf das Nachkommen, das Mündigwerden (74) der Menschheit scheint in dieser Vorstellung müßig und wenig sinnvoll, da in dieser totalen **heiligen Weltherrschaft** (82) nur der eine Herrscher die Erkenntnis haben muss, während alle übrigen Menschen nur Rädchen im **Weltunternehmen** (85) sind, manipulierbar, bestimmbar, wie Automaten (84). Sie besitzen, selbst die genialsten Physiker inbegriffen, keine Vorstel-lung mehr von den wesentlichen Zusammenhängen (72, 73), sie werden im Sinne dieser Weltherrschaft ausgenützt, eine Art moderner Sklaven. **Ihr seid in euer eigenes Gefängnis geflüchtet. Salomo hat durch euch gedacht, durch euch gehandelt, und nun vernichtet er euch. Durch mich.** (84) Im Gegensatz zu Möbius hat die alte, bucklige Ärztin keine Angst Salomos Weltherrschaftsauftrag anzunehmen. Denn sie hält ein Leben für die Nächs-tenliebe für minderwertig (84), während Möbius sein Handeln ganz von der Liebe für die Menschheit bestimmen ließ. **Ich aber übernehme seine Macht. Ich fürchte mich nicht.** (84)

Die Schlussmonologe
Der Schluss erweckt wieder sehr stark den Eindruck der Gerichtsszene. So sprechen Angeklagte nach der Verurteilung ihr Schlusswort. Und ein ver-nichtenderes Urteil hätte die Physiker und wohl auch die Zuschauer nicht treffen können.

Hypotheses non fingo (86). Ich stelle keine Behauptungen auf. Für den Naturwissenschaftler Newton heißt das, dass Lehren nur auf beweisbaren Tatsachen gründen dürfen. Doch über die wissenschaftlichen Fakten hi-naus werden damit oft Weltmodelle aufgestellt, die die Denkweise der Menschen entscheidend beeinflussen, ohne dass diese Einflüsse bestimm-bar sind. Dennoch war zu Newtons Zeit noch eine Einheit der Wissenschaft denkbar, die selbst die Theologie noch einschloss.

In Einsteins Abschiedsrede zeigt sich bereits die Politisierung der Wis-senschaft. Er war Emigrant, weil er Jude war. Auch der Zwiespalt des mo-dernen Wissenschaftlers wird deutlich, das Dilemma zwischen ethischen Forderungen und den Forschungsaufgaben. Die Naturwissenschaft wird bereits gezielt als Mittel zur Machtpolitik eingesetzt. **Ich liebe die Men-schen und liebe meine Geige, aber auf meine Empfehlung hin baute man die Atombombe.** (86) Die Regieanweisung: **Kreisler, Liebesleid** weist nochmals deutlich auf diesen Widerspruch hin. Mit diesem Gewissenskon-flikt ist der Physiker allein.

Möbius identifiziert sich zum ersten Mal mit Salomo. Noch einmal wird Bezug genommen auf den großen König (40, 82). Doch dann stürzt er den Fürsten der Weisheit und Wahrheit in die Gespaltenheit und Schuld moderner Wahrheitsfindung ohne Gott. **Aber meine Weisheit zerstörte meine Gottesfurcht, und als ich Gott nicht mehr fürchtete, zerstörte meine Weisheit meinen Reichtum.** (86) Mit diesem Salomobild kann beides, die politische Macht und die umgestaltende Kraft der Naturwissenschaften bezeichnet sein. In der jüngsten Entwicklung vermochte ihre Verbindung ungeheure zerstörerische Kräfte freizusetzen, die jetzt bis zur totalen Vernichtung führen können. **Nun sind die Städte tot, über die ich regierte, mein Reich leer, das mir anvertraut war, eine blauschimmernde Wüste, und, irgendwo, um einen kleinen, gelben, namenlosen Stern, kreist, sinnlos, immerzu, die radioaktive Erde. Ich bin Salomo [...] der arme König Salomo.** (87) Ein Bild des Weltendes durch menschliche Hybris.

Die drei Schlussmonologe vermitteln drei sich steigernde Aussagen:

1. Naturforscher Newton lebt noch das Ideal einer alles umgreifenden Wissenschaft. Die wissenschaftlichen Resultate werden noch unreflektiert als Erfolge akzeptiert. Der daraus erwachsenden Folgen ist man sich noch nicht bewusst.

2. Der Mensch Einstein versagt vor einer ethischen Herausforderung. Er liebt zwar die Menschen, empfiehlt jedoch die Herstellung der Atombombe und gibt damit das Startzeichen für die Möglichkeit einer katastrophalen Menschheitsvernichtung. Der Physiker Einstein, zur Parteigängerschaft gezwungen, steht im entscheidenden Gewissenskonflikt allein.

3. Bei Möbius steht der Physiker im Bild Salomos als ein Mächtiger im Elend da. Der Mensch hat die Grundlagen seiner Macht und Herrschaft, die ihm anvertraut waren, selbst zerstört. Die ethische Verantwortung ist bei Möbius zwar vorhanden, doch kann er, was einmal gedacht wurde, nicht mehr zurücknehmen (74). Er steht als Physiker und Mensch in einem Endzeitstadium.

Die Antwort bleibt aus auf die Frage, was geschehen soll. Der Autor hat sich die schlimmstmögliche Wendung der Geschichte ausgedacht. Dann lässt er den Zuschauer allein. Nur die Punkte 16, 17, 18 und 21 geben Hinweise, wie sich Dürrenmatt die Antwort vielleicht denkt.

Der Inhalt der Physik geht die Physiker an, die Auswirkung alle Menschen. Was alle angeht, können nur alle lösen.

Jeder Versuch eines Einzelnen, für sich zu lösen, was alle angeht, muß scheitern.

Die Dramatik kann den Zuschauer überlisten, sich der Wirklichkeit auszusetzen, aber nicht zwingen, ihr standzuhalten oder sie gar zu bewältigen.

1.3 Dürrenmatt: »Die Physiker« – Brecht: »Leben des Galilei«. Ein Vergleich

Die Vernunft fordert diesen Schritt. Wir sind in unserer Wissenschaft an die Grenzen des Erkennbaren gestoßen […] Es gibt für uns Physiker nur noch die Kapitulation vor der Wirklichkeit […] Wir müssen unser Wissen zurücknehmen, und ich habe es zurückgenommen […] Nur im Irrenhaus sind wir noch frei. Nur im Irrenhaus dürfen wir noch denken. In der Freiheit sind unsere Gedanken Sprengstoff. (75)

Mit diesen Überlegungen will Möbius die beiden Kollegen von der Richtigkeit seines Handelns überzeugen. Mit einer, wie wir gesehen haben, tragischen Entscheidung, mit der Zurücknahme seiner Erkenntnisse, bekennt sich Möbius zur bedingungslosen Verantwortung des Forschers für die Menschheit. Dass seine Entscheidung von der Wirklichkeit der schlimmstmöglichen Wendung aufgehoben wird, ändert nichts an der Beispielhaftigkeit seines Handelns. Möbius zerbricht damit das Idealbild des Forschers, wie es die Generationen des 19. Jahrhunderts in der Nachfolge der Aufklärung und Fausts gepflegt haben. Die Wissenschaft galt als krönende Aufgabe für den Menschen, die Forschung wurde als etwas Unbedingtes, Wertfreies gesehen, das jenseits ethischer Markierungen angesiedelt ist.

Schon 1938/39 behandelte Brecht im LEBEN DES GALILEI die Möglichkeiten verantwortungsvollen Handelns im Zwiespalt zwischen dem Dienst an der Wahrheit (= Wissenschaft) und der Wirklichkeit der geschichtlichen Situation.

Brechts Galilei glaubt an die Voraussetzungslosigkeit der Wissenschaft und an die Unbedingtheit ihres Wertes für die Menschen. Er ist in seinem Glauben an den Menschen und an seine Vernunft nicht zu erschüttern (GALILEI, 39).[11]

Auf den Einwand seines Freundes Sagredo: Das ist eine Nacht des Unglücks, wo der Mensch die Wahrheit sieht. Und eine Stunde der Verblendung, wo er an die Vernunft des Menschengeschlechtes glaubt (GALILEI, 45), entgegnet Galilei: Die Verführung, die von einem Beweis ausgeht, ist zu groß. Ihr erliegen die meisten auf die Dauer. Das Denken gehört zu den größten Vergnügungen der menschlichen Rasse. (GALILEI, 40 f.) Und ganz wie Newton in den PHYSIKERN meint Galilei: Ich würde meinen, als Wissenschaftler haben wir uns nicht zu fragen, wohin die Wahrheit uns führen mag (GALILEI, 58).

Nicht wie Möbius, der freiwillig aus Einsicht in die Gefährlichkeit seiner Forschungen zu schweigen bereit ist, handelt Galilei. Er empfindet noch naiv die Verführung des Denkens, die Lust am Forschen:

Galilei wirft ihm [dem kleinen Mönch][12] einen Packen Manuskripte hin:
Bist du ein Physiker, mein Sohn? Hier stehen die Gründe, warum das Welt-
meer sich in Ebbe und Flut bewegt. Aber du sollst es nicht lesen, hörst du?
Ach, du liest schon? Du bist also ein Physiker? [...] Ein Apfel vom Baum der
Erkenntnis! Er stopft ihn schon hinein. Er ist ewig verdammt, aber er muß
ihn hineinstopfen [...] Ich denke manchmal: ich ließe mich zehn Klafter
unter der Erde in einen Kerker einsperren, zu dem kein Licht mehr dringt,
wenn ich dafür erführe, was das ist: Licht. Und das Schlimmste: was ich
weiß, muß ich weitersagen. Wie ein Liebender, wie ein Betrunkener, wie ein
Verräter. Es ist ganz und gar ein Laster und führt ins Unglück.
(*GALILEI*, 96 f.)

Zum Schweigen bereit finden könnte er sich nie aus innerem Antrieb, sondern höchstens unter äußerem Zwang. **Würde ich mich zum Schweigen
bereit finden, wären es zweifellos recht niedrige Beweggründe; Wohlleben,
keine Verfolgung etc.** (*GALILEI*, 94)

Welch ein Gegensatz zu Möbius, der gerade auf Ruhm und Geld ver-
zichtete um im Irrenhaus schweigen zu können.

Ganz besonders interessant ist eine Gegenüberstellung der 13. und 14.
Szene im *LEBEN DES GALILEI* mit der Szene Möbius – Newton – Einstein.
In der 13. Szene hoffen die Schüler Galileis, dass er keinen Widerruf leis-
te. Und deshalb bestärken sie sich alle gegenseitig in dem Glauben, dass
der Forscher auch ein Held sei. **Und selbst wenn sie es** [die Folter][13] **ihm
antun, wird er nicht widerrufen. Wer die Wahrheit nicht weiß, der ist bloß
ein Dummkopf. Aber wer sie weiß und sie eine Lüge nennt, der ist ein Verbrecher.** (*GALILEI*, 135) Und Andrea fährt fort: **Also: es geht nicht mit Gewalt! Sie kann nicht alles! Also: Die Torheit wird besiegt, sie ist nicht un-
verletzlich! Also: der Mensch fürchtet den Tod nicht!** [...] **Der Mensch
hebt den Kopf, der Gepeinigte, und sagt: ich kann leben. So viel ist gewonnen, wenn nur einer aufsteht und Nein sagt.** (*GALILEI*, 138)

Als der **Verrat an der Wissenschaft**, der Widerruf Galileis, dennoch erfolgt ist, bricht Andrea zusammen: **Unglücklich das Land, das keine Helden hat!** (*GALILEI*, 139) Galilei erwidert: **Nein. Unglücklich das Land, das
Helden nötig hat.** (*GALILEI*, 140)

Galilei *will* kein Held sein. Gerade wegen seiner vielen überaus menschlichen Schwächen eignet er sich höchstens zur Folie, von der ein Forscher
und Held in seiner positiven Unbedingtheit sich gut abheben könnte. Vor
allem auf dem Hintergrund des überlieferten Ideals des Forschers wirken
die negativen Seiten geradezu als Mahnung, nicht so wie Galilei zu handeln. Dies wird in der 14. Szene sehr deutlich, in der Andrea, der ehemalige
Schüler, seinen Abschiedsbesuch macht. Die Treulosigkeit gegenüber der
Wissenschaft bringt ihm die Feindschaft der ehemaligen Kollegen: **Er war
sein Schüler. So ist er jetzt sein Feind** [...] (*GALILEI*, 145).

Die Nachgiebigkeit vor den Mächtigen, die Furchtsamkeit vor körperlichen Leiden beantworten sie mit persönlicher Missachtung (GALILEI, 139 u. 146 ff.).

Tatsächlich hat Galilei sich bedingungslos den Mächtigen unterworfen. Um ein leidlich angenehmes Leben, wenn auch als Gefangener, führen zu können liefert er die Ergebnisse seiner Forschungen sofort nach der Niederschrift aus. **Meine Oberen sind keine Dummköpfe. Sie wissen, daß eingewurzelte Laster nicht von heute auf morgen abgebrochen werden können. Sie schützen mich vor mißlichen Folgen, indem sie Seite für Seite wegschließen.** (GALILEI, 148) Als Galilei wie beiläufig erwähnt, dass er eine Abschrift zurückgehalten habe, ändert sich Andreas Haltung. Galilei: **Ich nehme an, es ist die Höhe der Torheit, sie auszuhändigen. Da ich es nicht fertiggebracht habe, mich von wissenschaftlichen Arbeiten fernzuhalten, könnt ihr sie ebensogut haben [...] Solltest du erwägen, sie nach Holland mitzunehmen, würdest du natürlich die ganze Verantwortung zu schultern haben.** (GALILEI, 149) Andrea überhört die Töne des Kleinmutes und formt wieder das Bild eines Helden der Wissenschaft. **Sie versteckten die Wahrheit. Vor dem Feind. Auch auf dem Felde der Ethik waren sie uns um Jahrhunderte voraus.** (GALILEI, 150) Und nun versucht Andrea aus dieser Tatsache ein neues Heldenbild zu formen: **Sie kamen zurück: Ich habe widerrufen, aber ich werde leben. – Ihre Hände sind befleckt, sagten wir. – Sie sagen: Besser befleckt als leer. Sie lachten immer schon über die Helden [...] Angesichts von Hindernissen mag die kürzeste Linie zwischen zwei Punkten die krumme sein [...] Hätten Sie [...] auf dem Scheiterhaufen geendet, wären die anderen die Sieger gewesen.** (GALILEI, 150) Dieses vom Opportunismus geprägte Wissenschaftsideal Andreas wird jedoch sofort von Galilei zerstört. **Sie sind die Sieger [...] Ich habe widerrufen. Weil ich den körperlichen Schmerz fürchtete.** (GALILEI, 151) Er wehrt sich also dagegen aus Ehrlichkeit und Verantwortung vor den unabsehbaren Folgen für spätere Forschergenerationen. Er will und kann kein Held sein. Er betrachtet sich seit seinem Widerruf nicht mehr als der Wissenschaft zugehörig. Mit Entschiedenheit wendet er sich gegen Andreas Reinwaschungsversuch: **Die Wissenschaft kennt nur ein Gebot: den wissenschaftlichen Beitrag** (GALILEI, 152), und hält dem ehemaligen Schüler sein Bild von der Aufgabe und Verantwortung des Wissenschaftlers in der Zukunft entgegen:

Und den [wissenschaftlichen Beitrag][14] habe ich geliefert. Willkommen in der Gosse, Bruder in der Wissenschaft und Vetter im Verrat. [...] In meinen freien Stunden, deren ich viele habe, bin ich meinen Fall durchgegangen und habe darüber nachgedacht, wie die Welt der Wissenschaft, zu der ich mich selber nicht mehr zähle, ihn zu beurteilen haben wird. [...] Der Verfolg der Wissenschaft scheint mir diesbezüglich besondere Tapferkeit zu erheischen. Sie handelt mit Wissen, gewonnen durch Zweifel. Wissen verschaffend über alles für alle, trachtet sie, Zweifler zu machen aus allen. Nun wird der Großteil der Bevölkerung von ihren Fürsten, Grundbesitzern und Geistlichen in einem perlmutternen Dunst von Aberglauben und alten Wörtern gehalten, welcher die Machinationen dieser Leute verdeckt [...] Aber können wir uns der Menge verweigern und doch Wissenschaftler bleiben? [...] Eine Menschheit, stolpernd in diesem tausendjährigen Perlmutterdunst von Aberglauben und alten Wörtern, zu unwissend, ihre eigenen Kräfte der Natur zu entfalten, die ihr enthüllt. Wofür arbeitet ihr? Ich halte dafür, daß das einzige Ziel der Wissenschaft darin besteht, die Mühseligkeit der menschlichen Existenz zu erleichtern. Wenn Wissenschaftler, eingeschüchtert durch selbstsüchtige Machthaber, sich damit begnügen, Wissen um des Wissens willen aufzuhäufen, kann die Wissenschaft zum Krüppel gemacht werden, und eure neuen Maschinen mögen nur neue Drangsale bedeuten. Ihr mögt mit der Zeit alles entdecken, was es zu entdecken gibt, und euer Fortschritt wird doch nur ein Fortschreiten von der Menschheit weg sein. Die Kluft zwischen euch und ihr kann eines Tages so groß werden, daß euer Jubelschrei über irgend eine neue Errungenschaft von einem universalen Entsetzensschrei beantwortet werden könnte. – [...] Hätte ich widerstanden, hätten die Naturwissenschaftler etwas wie den hippokratischen Eid der Ärzte entwickeln können, das Gelöbnis, ihr Wissen einzig zum Wohle der Menschheit anzuwenden! Wie es nun steht, ist das Höchste, was man erhoffen kann, ein Geschlecht erfinderischer Zwerge, die für alles gemietet werden können [...] Einige Jahre lang war ich ebenso stark wie die Obrigkeit. Und ich überlieferte mein Wissen den Machthabern, es zu gebrauchen, es nicht zu gebrauchen, es zu mißbrauchen, ganz, wie es ihren Zwecken diente [...] Ich habe meinen Beruf verraten. Ein Mensch, der das tut, was ich getan habe, kann in den Reihen der Wissenschaftler nicht geduldet werden. (GALILEI, 152 ff.)

Galilei hat also nach seinem eigenen Urteil versagt. Nach seinen Worten braucht ein Wissenschaftler Tapferkeit um die Wahrheit vor den Machthabern oder gegen sie zu verkünden, und er trägt Verantwortung für die Folgen seines Forschens vor der Menschheit, der all sein Tun vorrangig dienen muss. Möbius muss deshalb auch in Zusammenhang mit Galilei gesehen werden, obwohl er unter anderen Voraussetzungen handelt. Er will die richtige Antwort auf Galileis Vision geben. Sein Scheitern bedeutet auch die Aufhebung von Galileis Ansicht über die Zukunftsaufgaben des Naturwissenschaftlers. Der mögliche Entsetzensschrei der Menschheit vor den Folgen seiner Erkenntnisse gellt ihm bereits in den Ohren. Sein Handeln aus Verantwortung für diese Menschheit lässt ihn zwar nicht auf Forschung verzichten – er arbeitet im Irrenhaus weiter wie Galilei in der Gefangenschaft –, doch auch er will die Folgen seines Denkens aufheben, indem er unter der Narrenkappe schlüpft. Erst nach dem Mord an Schwester

Monika entschließt er sich zur endgültigen Zurücknahme, er verbrennt seine Manuskripte. Zu spät! Der falsch und feige handelnde Galilei kann für die Wissenschaftler kein Beispiel sein. Selbst als warnendes Gegenbild taugt er nicht für Möbius; wenn Forschung gefährlich, die Erkenntnisse tödlich sind (*PHYSIKER*, 64), ist kein Raum mehr für den Dienst des Forschers an den Menschen. Trotzdem war die Art der **Kapitulation vor der Wirklichkeit** (*PHYSIKER*, 64) auch bei Möbius falsch. Sie bedeutete die Überantwortung seiner Erkenntnisse, wenn auch durch Zufall, an die Ärztin, wie Galilei sie bewusst den Machthabern überlieferte. Galilei will kein Held sein, Möbius *kann* in der modernen Welt kein Held mehr sein. Er kann nicht lösen, was alle angeht, und muss scheitern; sein Opfer blieb wirkungslos und war damit sinnlos. Wenn aber nur alle Menschen zusammen die schlimmstmögliche Wendung zu verhindern vermögen, wenn gleichzeitig diese Menschheit noch nicht so weit ist, dann gäbe es logischerweise nur eines: den völligen Verzicht auf die Versuchung des Denkens und Forschens (*PHYSIKER*, 74 f. u. Pkt. 17). Und um mit Galilei zu sprechen: Wenn Forschung nur noch ein Fortschreiten von der Menschheit weg ist, könnte nur der Verzicht auf das elitäre Tun (Wissen um des Wissens willen aufhäufen) (*GALILEI*, 154), das den Forscher zwangsläufig den Machthabern verpflichtet oder ausliefert, die Kluft zwischen der Wissenschaft und der übrigen Menschheit verringern. Weder Galilei noch Möbius haben diese letzte demokratische und soziale Konsequenz ihres Denkens erkannt.

1.4   Kipphardt: In der Sache J. R. Oppenheimer

Am 12. 4. 1954 begannen vor dem Untersuchungsausschuss der Atomenergiekommission der USA die Verhandlungen **In Sachen J. Robert Oppenheimer.** Formal war es kein Prozess, sondern ein Verwaltungsverfahren, in dem geklärt werden sollte, ob der **Vater der Atombombe** ein verkappter Sowjetagent sei. Der Ausgang des Verfahrens war entscheidend für die Neuzuteilung einer **security clearance** (Sicherheits-Zuverlässigkeitszeugnis), und diese wiederum war Voraussetzung für das Weiterbestehen des Vertrages als Berater der Atomenergie-Kommission. Die Anklage der Atomenergiekommission behandelte in 23 Punkten Oppenheimers Verbindungen mit Kommunisten, der 24. Punkt warf ihm vor, sich dem Bau der Wasserstoffbombe stark widersetzt zu haben. Seine Wahrhaftigkeit und Loyalität wurden in Frage gestellt. Oppenheimer wurde die Möglichkeit geboten, von sich aus zurückzutreten, wenn er die Behandlung seines Falles vor einem Ausschuss vermeiden wolle. Er wies diese Möglichkeit zurück: **Ich habe diese mir vorgeschlagene Alternative ernstlich durchdacht. Unter den gegebenen Umständen würde diese Handlungsweise bedeuten, daß** ich der Ansicht zustimme, ich sei nicht fähig, unserer Regierung zu dienen, der ich nun zwölf Jahre gedient habe. Das kann ich nicht tun [...] (Jungk, 259).

So kam es zum Verfahren, das von der Öffentlichkeit stark beachtet wurde. Für sie wurde Oppenheimer zum Verteidiger der Menschlichkeit, obwohl gerade sein Verhalten und seine Kompromisse als Berater der Atomenergiekommission die Atombombengegner unter den Wissenschaftlern nicht gefördert hatten. Das Protokoll des Untersuchungsverfahrens wurde von der Atomenergiekommission der Vereinigten Staaten im Mai 1954 veröffentlicht. Es bildet die hauptsächliche Quelle für das Dokumentarspiel von Heinar Kipphardt: IN DER SACHE J. ROBERT OPPENHEIMER, das 1964 uraufgeführt wurde.[15]

Die Versuchung einer ganzen Generation von Kernphysikern durch eine Jahrhunderterfindung wird darin eingefangen, aber auch die Verstrickung in die Realitäten der Mächtigen, der Verlust des einstigen Wissenschaftsideals, die untragbare Verantwortung, weil sie darauf nicht vorbereitet waren. Wie konturiert sich diese neue Figur des Wissenschaftlers hier? Hervorragend und mächtig in seinem wissenschaftlichen Vermögen, aber ohnmächtig in der zwangsweisen Verstrickung seiner Wissenschaft mit den Mächtigen: Mit der Fähigkeit, ungeheuerliche Zerstörungsmittel herzustellen, Geschöpf und Schöpfung zu verändern, wird die Hauptfrage des Anklägers an den Wissenschaftler Oppenheimer: Waren Sie dem Staate gegenüber loyal?, unwesentlich gegenüber der ethischen Grundfrage an alle Wissenschaftler: Wie weit tragen Sie noch Verantwortung gegenüber der Menschheit? Trotz des reportagehaften Charakters dieses Dokumentarspiels steht sie unüberhörbar im Raum. Als roter Faden zieht sich durch dieses Spiel der Konflikt des modernen Wissenschaftlers mit dem Staat. Mit seinen Forschungen, seien sie selbst gesetzte oder Auftragsarbeit, verändert er Machtverhältnisse, politische und wirtschaftliche Realitäten. Er hat sich damit zwar noch nicht aus seiner früheren wissenschaftlichen Isolierung (Elfenbeinturm) herausbegeben – in manchen Fachgebieten sind die Schranken gegenüber der übrigen Gesellschaft eher stärker geworden –, mit seinen Erkenntnissen jedoch wirkt er so stark in diese Gemeinschaft hinein, dass die staatliche Gewalt in ihren verschiedenen Organen sich einer ernsthaften Pflichtverletzung schuldig machen würde, versuchte sie nicht, auf diese Wissenschaftler und ihre Forschungen Einfluss zu nehmen. **Jedesmal, wenn man eine neue Technik beherrscht, ändert sich die Machtgleichung,** behauptet Direktor Webb von der amerikanischen Raumfahrtbehörde (NASA) und fährt fort: die technische Fähigkeit der Sowjetunion zeige, daß sie **die grundlegende Struktur und das Kräftegleichgewicht der Welt verändern kann.**[16]

In prägnanter Deutlichkeit zeigt Kipphardt in der scharfen Konfrontation der Vertreter der Staatsgewalt mit Wissenschaftlern deren Anspruch. Die verschiedenen Haltungen diesem Anspruch gegenüber lassen keine Möglichkeit erkennen, wie aus dem Konflikt ein Miteinander durch die Entscheidung für einen gemeinsamen Freiheitsbegriff geboren werden könnte. Evans sieht dies klar:

> Es geht an unseren Universitäten ein Wort um: ›Sprich nicht, schreib nicht, rühr dich nicht‹, wenn das so weitergeht, wie soll das weitergehen? – Es waren andererseits gerade die Physiker, die diese Entwicklung in Gang gebracht haben, als sie ihr Fach zu einer militärischen Disziplin machten, besonders auch Oppenheimer, Los Alamos war seine Idee [...] Ich weiß nicht, vielleicht sind meine liberalen Vorstellungen überholt, vielleicht ist der Totalitätsanspruch des Staates auch den Wissenschaften gegenüber unabweisbar. Und zwar seit sie soviel Bedeutung haben. Ich beobachtete zwei Entwicklungen jedenfalls. Die eine, daß wir die Natur zunehmend beherrschen [...] Die andere, gleichzeitig, daß wir selbst zunehmend beherrscht werden durch staatliche Apparate, die unser Verhalten zu normieren wünschen [...] Ein, zwei Generationen weiter, da ist es den Wissenschaftlern möglicherweise selbstverständlich, daß sie Funktionäre sind [...] (OPPENHEIMER, 25 f.)

Noch sind die Wissenschaftler nur selten Funktionäre, oder sie glauben ihre staatlichen Funktionen mit ihren liberalen Wissenschaftsvorstellungen in Einklang bringen zu können. War Oppenheimer freier Wissenschaftler oder bereits Funktionär, vom Staat abhängig, staatlichen Maximen unterworfen? Unter seiner Leitung wurde die Atombombe in staatlichem Auftrag gebaut, die wissenschaftlichen Daten über die Eignung und Wirkung der Atombombe wurden zusammengestellt, die wirkungsvollste Höhe für die Explosion wurde bestimmt, Argumente für und gegen den Abwurf wurden geliefert, die Wissenschaftler von Los Alamos machten als Fachleute die Arbeit, die man von ihnen verlangte, – aber sie **entschieden damit nicht, die Bombe tatsächlich zu werfen.** (OPPENHEIMER, 14) Nach dem Abwurf jedoch hatten dieselben Fachleute schreckliche moralische Skrupel wegen der Auswirkungen. Wen wundert es, dass der staatliche Ankläger dieses Verhalten schizophren nennt? **Die Art von Schizophrenie, in der [...] Physiker seit einigen Jahren leben** (OPPENHEIMER, 14), wird nicht allein verursacht durch den fürchterlichen Gebrauch der neuen Entdeckungen, sondern auch durch die Selbsttäuschung über ihre Funktion in Militärlaboratorien, die Täuschung über ihr untergeordnetes Auftragsverhältnis. Waren sie wirklich die unabhängigen Geister, die sie noch zu sein schienen, oder waren sie nicht schon bloße Werkzeuge, ausgesucht nur nach Funktionswert, bei dem das Sicherheitsrisiko höher veranschlagt wurde als die wissenschaftliche Fähigkeit? Gerade diese Sicherheitsbestimmungen verlangten sehr deutlich die Hintanstellung der Privatsphäre zugunsten eines Auftrages, der vielleicht den Staat, vielleicht die Unabhängigkeit seiner Bewohner zu schützen vermochte (OPPENHEIMER, 39 f.).

Was sind Physiker für Leute? Darf man ihnen eine größere Freizügigkeit, eine gewisse – Narrenfreiheit zugestehen? Morgan, der Pragmatiker, meint dazu:

> Was wir den Wissenschaftlern heute klarmachen müßten, [...] daß wir von ihnen eine strikte Trennung zwischen ihren subjektiven Ansichten und ihrer objektiven Arbeit fordern müssen, weil eine moderne Atompolitik nur auf der Grundlage einer wertungsfreien Arbeit möglich ist. Wie in jedem Industrieunternehmen, so auch in einem modernen Staat [...] Die subjektiven Ansichten eines Physikers, so extrem sie sein mögen, sind seine Privatsache, solange sie in seiner objektiven Arbeit nicht erscheinen. Diese Trennung berührt die Prinzipien unserer Demokratie. (OPPENHEIMER, 45 f.)

Ist eine solche Trennung von Arbeit und Gesinnung auf dieser Ebene möglich? Können Physiker in der Art von Werkzeugmachern arbeiten? **Sie müssen begreifen, daß sie heutzutage Fachleute in einem sehr großen Unternehmen sind, die ihre Teilarbeit zu machen haben, die sie anderen Fachleuten, Politikern, Militärs, abliefern, die darüber befinden, was damit gemacht wird** [...] Wenn wir unsere Freiheit erfolgreich verteidigen wollen, so müssen wir bereit sein, auf gewisse Freiheiten zu verzichten, meint der Sicherheitsoffizier Pash (OPPENHEIMER, 62).

Wenn ein Staat dies als **uneingeschränkte Loyalität** (OPPENHEIMER, 61) verlangt, können dann verantwortungsvolle Menschen, dürfen dann Wissenschaftler überhaupt loyal sein? Müssen sie dann nicht vielmehr die Lust, das Machbare zu machen, das Denkbare zu denken, unterdrücken, wenn es für die Menschheit gefährlich ist (OPPENHEIMER, 83)?

Sie fanden die wissenschaftlichen Ideen zur Herstellung einer Wasserstoffbombe verführerisch und wundervoll, und sie fanden das mögliche Ergebnis, die Wasserstoffbombe, abscheulich. (OPPENHEIMER, 86) Der Ankläger Robb kann das nicht verstehen. Für den verantwortungsbewussten Wissenschaftler jedoch ergibt sich aus diesem Zwiespalt ein Loyalitätskonflikt, **wenn sich die Regierungen den neuen Ergebnissen der Naturwissenschaften nicht oder nur ungenügend gewachsen zeigen: Loyalität einer Regierung gegenüber – Loyalität der Menschheit gegenüber.** (OPPENHEIMER, 86) Und die Loyalität der Menschheit gegenüber führt den Wissenschaftler dazu, dem **Staat, der riesige Gelder für Forschungsarbeiten hergibt, das Recht zu bestreiten, über die Ergebnisse dieser Forschungen frei zu verfügen** (OPPENHEIMER, 90), **wenn sie geeignet sind, die menschliche Zivilisation zu zerstören** (OPPENHEIMER, 90).

So sieht es Oppenheimer, aber sein Gegenspieler Teller denkt weniger an eine **mögliche Apokalypse als Realität unseres Lebens** (OPPENHEIMER, 87), denn an **die billigste und gewaltigste Energie, die in zwanzig oder dreißig Jahren das Gesicht der Erde wohltuend verändert hat** (OPPENHEIMER, 104). Er will die Anwendungsmöglichkeiten oder Folgen, die in einer Entdeckung stecken, nicht als Problem des Forschers sehen. **Ich meine, daß Entdeckungen weder gut noch böse sind, weder moralisch noch unmoralisch, sondern nur tatsächlich. Man kann sie gebrauchen oder mißbrauchen** […] **In schmerzhaften Entwicklungen haben es die Menschen schließlich immer gelernt, sie zu gebrauchen.** (OPPENHEIMER, 104) Tellers Kredo verstärkt diese Aussage noch weiter:

> **Alle großen Entdeckungen hatten für den Zustand der Welt und das Bild davon in unseren Köpfen zuerst einmal verheerende Folgen. Sie stürzten ihn um und installierten einen neuen Zustand. Sie zwangen die Welt, sich vorwärts zu bewegen. Das war jedoch nur möglich, weil die Entdecker die Folgen ihrer Entdeckung nicht fürchteten, so fürchterlich sie für alle diejenigen waren, die die Welt anhalten wollen und die ein großes Schild an ihr anbringen möchten: Bitte nicht stören** […] **Wenn wir unbeirrt um die Folgen unsere Arbeit fortsetzen, werden wir die Menschen zwingen, sich mit diesen neuen Energien einzurichten und den Zustand der Welt zu beendigen, halb frei, halb Sklave zu sein** […] **Wenn wir vor dem temporären Aspekt der Entdeckungen, ihrer Zerstörungskraft, zurückschrecken, und ich finde, daß viele Physiker sich so verhalten, werden wir auf halbem Wege stecken bleiben und in den Schwierigkeiten versinken, die unsere Entdeckungen in die Welt gebracht haben** […] (OPPENHEIMER, 106)

Gedankenverrat warf der Ankläger Oppenheimer vor, **der aus den tiefen Schichten einer Persönlichkeit kommt und die Handlungen eines Mannes gegen dessen Willen unaufrichtig macht** (OPPENHEIMER, 130). Gedankenverräterei jedoch wird zum Sicherheitsrisiko für einen Staat, denn **unsere Freiheit hat ihren Preis** (OPPENHEIMER, 131). Der Ankläger sieht dies ganz konkret in Oppenheimers kommunistischen Verbindungen und seinen Ideen. In seinem Schlusswort nimmt Oppenheimer diesen Vorwurf wieder auf. Er sieht diese Kategorie nicht mehr politisch. In einer Zeit, in der die Forschung der höchsten militärischen Geheimstufe zugerechnet wird, wird auch die Entscheidung für die Forscher immer bedingungsloser, welcherart ihre Loyalität ist. Je vorbehaltloser sie sich für die eine oder andere entscheiden müssen, umso stärker wird ihre Gespaltenheit. Für Oppenheimer begann der Gedankenverrat am Geist der Wissenschaft, als die Forschungsergebnisse dem Staat überlassen wurden (OPPENHEIMER, 139).

Die Physiker, und mit ihnen alle Forscher, befinden sich an einem Kreuzweg (OPPENHEIMER, 140). Die Wege trennen sich, die Ziele sind verschieden. Zwar können sie sich ausrechnen lassen, ob bei einem Wasserstoffbombentest die Atmosphäre in Brand gesetzt wird, doch für die Entscheidung, welches der richtige Weg sei, gibt es keine Berechnung. Oppenheimer oder Teller? Der persönliche Einsatz kann das Wagnis nicht aufheben, er kann nicht einmal die Kontinuität der Entscheidung gewährleisten. Ob wissenschaftlicher Funktionär oder freier Forscher, je nach günstigem oder ungünstigem Ergebnis seiner Forschungen, je nach günstigem oder ungünstigem Verlauf der Ereignisse in seiner Umwelt, wird er seine Freiheit verlieren oder die wissenschaftliche Existenz aufs Spiel setzen müssen. Frei sein bedeutet in diesem Zusammenhang, sich selbst treu bleiben zu können und niemals die eigenen Aufgaben verraten zu müssen. Die Einheit des Forschers mit seiner Aufgabe setzt eine Einheit der Welt und ihrer grundlegenden Ordnung voraus, in der sich die Erkenntnisse, gleich wie sie gewonnen wurden und wer sie gewonnen hat, ins Ganze der menschlichen Aufgaben einfügen lassen. Diese Einheit besteht nicht. Und so wird Oppenheimer, der Forscher, *und* Oppenheimer, der Atombombenbauer, weiter nur eine Freiheit in der Unsicherheit erfahren, in einer zusammenhanglosen, durch anonyme Partikularitäten zersplitterten Welt. Statt solidarischer Verbundenheit für die großen, die menschliche Gemeinschaft bewegenden Aufgaben wird es weiterhin nur eine flüchtige Folge von Zielen und zufälligen Ereignissen geben. An Stelle der Ordnung der Welt, die ein ganzheitlicher Entwurf sein sollte, in den alles als notwendiges Instrumentarium für die gesamtmenschliche Aufgabe eingegliedert und verfügbar gemacht werden könnte, herrscht die Relativität.[17]

2 »Die Physiker« – Strukturen der Komödie

2.1 Der Spielort

Die Regieanweisungen beziehen sich üblicherweise auf die innere und äußere Dramengestaltung. Sie geben Anweisungen für die Inszenierung (Dekoration, Kulissen, Kostüme, Musik, optische und akustische Effekte) und Hinweise für die Schauspieler zur Gestaltung der Rollen. Die Regieanweisung zu Beginn des 1. Aktes der PHYSIKER ist nur zum geringen Teil Beschreibung des Spielortes; sie schildert in epischer Breite und Detailliertheit ein Stück Welt und Gesellschaft im Abseits. Dieses Bild einer Welt wird mit einer Fülle teils allgemeiner Angaben, teils genauer Hinweise oder erzählerischer Abschweifungen zu einem fein abgestimmten Bezugssystem mit unverwechselbarer Atmosphäre.

Les Cerisiers und seine Umgebung kann durch diese Ausdrucksmittel, zu denen noch die Kontraste in der inhaltlichen und sprachlichen Gestaltung kommen, nicht zur Idylle am Rande der Welt werden, trotz aller dafür vorhandenen Voraussetzungen. Gerade durch den Gegensatz zum Inhalt spielt das Örtliche eine dominierende Rolle im Stück (11 f.). Durch die idyllische Verfremdung werden Welt und Gesellschaft unserer Zeit in ihrer Abseitigkeit und Groteskheit deutlich.

Strafanstalt und Irrenhaus, Kleinbürgerlichkeit und bescheidene Wissenschaft einschließlich der Theologie, Landschaft und Menschen sind Kulisse, Bedingung und Zentrum für eine Handlung, in der sich Genialität im Irrenhaus geborgen glaubt und gerade dadurch zum Opfer einer profit- und machtgierigen, skrupellosen Irrenärztin wird. Durch die Handlung der Komödie werden die Probleme unserer Zeit in den nichts sagenden Bühnenraum eingespielt, wie umgekehrt die nuancierte Charakterisierung des Spielorts die Bedeutung der Handlung ins Exemplarische, zum Welttheater erweitert.

Diese Regieanweisung bezeichnet auf der Folie der Landschaft um einen See[18] die besondere Situation einer Zeit und Welt, in der alles in die Ordnung eingegliedert ist: Die **Altstadt ist mit gräßlichen Gebäuden der Versicherungsgesellschaften verziert** (11), die Landschaft ist vom Menschen geprägt: **humanbewaldete Hügel und [...] eine weite, abends rauchende Ebene [...] – einst ein düsteres Moor – nun von Kanälen durchzogen und fruchtbar** (11). Die Landwirtschaft besorgen ehemalige Verbrecher, die zum Nutzen der Gesellschaft in einer Strafanstalt mit landwirtschaftlichem Großbetrieb domestiziert werden. Dadurch werden die aus der Gesellschaft

Ausgeschlossenen zwangsweise wieder in die äußerliche Harmonie der gesellschaftlichen Ordnung eingefügt, ebenso wie die Irren in der Anstalt von der Gesellschaft abgesondert, aber wohl versorgt sind. Die **ganze geistig verwirrte Elite des halben Abendlandes** (12), falls sie nicht noch in Amt und Würden steht, kann hier aus der **bösartigsten Vergangenheit** (12) in die Ordnung eines Irrenhauses finden, dessen Ärztin, derselben Elite entstammend, anscheinend durch bloßen Zufall nicht Insassin, sondern Leiterin des Hauses ist. Die ehemalige Herrschaftsvilla, jetzt zum Irrenhaus umgebaut, beherbergt nahezu dieselben Bewohner wie früher: Dies alles betont die Spannweite, Umkehrbarkeit, Doppelbödigkeit, in der die Handlung abläuft. Hier schillert alles zwischen ironisch geschilderter Banalität und Gewichtigkeit. Denn schon in dieser ersten Regieanweisung wird wie beiläufig auch das Requisit geschildert, das bei dem entscheidenden Mord wichtig wird: **Links und rechts der Fensterfront ein schwerer Vorhang** (14). Die Stehlampe stört durch ihre veränderte Lage die zweckhygienische Ordnung des Salons, ebenso wie auch der Mord mehr störend als **gräßlich** (13) empfunden wird: **Eine Stehlampe und zwei Sessel liegen auf dem Boden** [...] (13) und **die Stehlampe gehört eigentlich hinter das Sofa** [...] (14). Die Bedeutung der Regieanweisung zum Spielort ist sicher, gemessen an dem Spielgeschehen, zweitrangig. Die Handlung muss natürlicherweise Träger der Grundgedanken sein. Dennoch ist diese ausführliche Einführung in den Spielort für das folgende Geschehen bedeutungsvoll. Über die Gestaltung des Bühnenbildes hinaus vermittelt sie in ihrer widersprüchlichen Detailliertheit die alltägliche Situation einer kleinen Welt und Gesellschaft, in der jedoch geistige Grundentscheidungen ausgetragen werden. Dies schafft in der Spannweite aller Verhältnisse einen beunruhigenden Kontrast und spiegelt so in den Handlungsverlauf das den Zuschauer ständig bedrängende Bewusstsein ein: Dies ist unsere Welt, unser Problem, es ist meine Wirklichkeit, meine Entscheidung.

2.2 Gestaltungselemente

Ich gehe nicht von einer These, sondern von einer Geschichte aus. (Pkt. 1, 77)

Eine Geschichte muss erfunden werden. Die Voraussetzung für jede Geschichte ist der *Einfall*. Er setzt die Grundgegebenheiten für die Handlung: In einem Irrenhaus wird die Entscheidung über die Zukunft der Menschheit ausgetragen. Das Handlungsgefüge gewinnt dadurch Tiefe und die Geschehnisse in der unbedeutenden Irrenanstalt in einer provinziellen Landschaft erhalten überdimensionale Proportionen. Wie die Grundstruktur geprägt wird durch diesen Einfall, so wirkt der Reichtum der vielen Einfälle im Handlungsverlauf strukturbildend (u. a. drei Morde an Krankenschwestern;

nach dem Physiker heiratet Frau Möbius einen Missionar; Salomo als Narrenkappe; Physikerkollegen als Agenten; Vieldeutigkeit der Irrenärztin). Sie schaffen die Offenheit für vielfältige Möglichkeiten in der Handlung. Was sich als langatmige Retardation auswirken könnte, wird in den PHYSIKERN durch den zielstrebigen Aufbau zum spannenden Kriminalstück mit unnachsichtigen Verhör- und Enthüllungsszenen. Bis in die Details, bis in die Requisiten hinein verlebendigt dieser Einfallsreichtum das Geschehen (sehr wehrhafte Krankenschwestern werden erdrosselt; Missionar Rose charakterisiert sich durch Psalmzitate; Einstein spielt Beethoven; der Kriminalkommissar meditiert über Gerechtigkeit; die Henkersmahlzeit; Blumen-Feuz; Kognak im Kamin; Boxer als Pfleger, später Wächter u. a.).

Die Spannung, die im klassischen Aufbau mit seinem Fortschreiten von Exposition über ansteigende Handlung (Komplikation) und Wendepunkt zur Lösung und zum Schluss in der natürlichen Entwicklungslinie verläuft, wird in den PHYSIKERN durch solche kabarettistischen Einfälle erzeugt. Ein Schauspiel, bei dem der Einfallsreichtum strukturbildend wird, kann seine Handlung nicht in kontinuierlichem Fortgang darstellen. Deshalb wird die Erwartung auf die Entscheidung in der nächsten bedeutenden Situation durch relativ unbedeutende, aber witzige Zwischenstücke retardiert. Diese Überbrückungshandlungen führen nur äußerlich und formal zum neuen Schwerpunkt hin oder von ihm weg und bereiten keineswegs auf die dramatische Auseinandersetzung vor. Sie können fast als Regieanweisungen, die in die Handlung hineingenommen wurden, bezeichnet werden und stehen mit diesen auch in auffälliger Verbindung, während in den entscheidenden Handlungskonzentrationen die Regieanweisungen selten werden und sich auf knappe Andeutungen beschränken. In den PHYSIKERN erkennen wir deshalb unschwer, wie sich das Handlungsgeschehen und die Probleme in bestimmten Situationen zu Schwerpunkten verdichten. Dadurch wird eine den Zuschauer ungemein packende Vergegenwärtigung erreicht.

Solche dramatischen Schwerpunkte, die sich nach einem zwar logischen, aber außerordentlich sprunghaften Handlungsverlauf darstellen, haben meistens den Charakter von Kampf- oder Entscheidungsszenen. In untersuchungsrichterlicher Prägnanz und Geschlossenheit wird eine bisher nicht erkennbar gewordene Entwicklung oder ein Entschluss dargestellt und in einer manchmal dem Verhör ähnlichen Diktion in seiner Bedeutung und Konsequenz enthüllt. Solche Schwerpunktszenen bilden meist Gipfel und Lösung einer Fragestellung, die in ihrer Zuordnung zur Gesamtproblematik diese facettenhaft verdeutlicht und damit auch erhellt. Die Struktur dieser Szenen ist gekennzeichnet durch eine ungewöhnliche Einheitlichkeit der Darstellungsmittel: Bild, Sprache, Gestik und Personenkonstellation. Diese Vergegenwärtigung eines dramatischen Bedeutungskerns ist immer Auseinandersetzung:

Ihre dramatische Ausformung geschieht im Dialog. Die Frontstellung ist so ausgeprägt, dass selbst in Szenen mit mehreren Personen diese Gegenüberstellung in ihrer thematischen Gewichtigkeit vorherrscht und die einzelnen Personen zuordnet oder in eine Statistenrolle zurückdrängt.

Die Konzentration des dramatischen Vorgangs zeigt sich auch in der gezielten Verwendung anderer Ausdrucksmittel. So spielen die *Requisiten* ihre genau bezeichnete Rolle im Stück. Die Vorhangkordel, die Stehlampe, Blockflöten, Geige und Kognakflasche, auch der Salon mit den wechselnden Porträts der Vorfahren von Dr. v. Zahnd sind bewusst ins Spiel gebrachte Gegenstände um eine in ihrer Geschlossenheit aggressive Demonstration zu erreichen. Doch nicht nur Requisiten, auch akustische Mittel werden dafür eingesetzt. Nach beiden Morden geigt Einstein und erregt damit nicht nur den Inspektor, sondern erweckt gleichermaßen die Assoziation an musikliebende, bürgerliche Massenmörder. Auch Newton erinnert gleichzeitig den Inspektor an zukünftige Massenmorde: **Möchten Sie mich verhaften, weil ich die Krankenschwester erdrosselt oder weil ich die Atombombe ermöglicht habe?** (22) Ebenso ist das Blockflötenspiel der Buben Ausdrucksmittel für eine hohle, anerzogene Innigkeit und Höhepunkt der Demonstration des bürgerlichen Pathos, das Möbius zu seiner extremen Reaktion treibt.

DÜRRENMATT benützt *Assoziationen* auch um eine größere Dichte zu erreichen. Solche Assoziationen verschmelzen mehrere Bedeutungsschichten oder heben Alltägliches in der Vorstellung der Zuschauer zu höherer Bedeutung. Ganze Assoziationsbereiche werden schon mit dem Irrenhausmilieu eingespielt, ebenso mit den Berufen der Physiker, des Kriminalinspektors und der Ärztin, die fast schon Symbolgehalte annehmen. Aber auch die Porträts, sogar Namen wie Newton, Einstein, Eisler, Uwe Sievers wecken im Zuschauer ganz bestimmte Assoziationen. Selbst wenn Dürrenmatt ethische Begriffe wie Humanität, Liebe, Mitleid, Opfer, Tod parodiert und nahezu wie dingliche Requisiten im Spiel behandelt, braucht er sie doch sehr deutlich gerade in ihrem assoziativen Charakter, aus dem heraus er erst die Kontraste formen kann.

Erwähnt werden muss auch die *räumliche und zeitliche Konzentration* in den PHYSIKERN als strukturbildendes Element, gerade weil hier die Regiebemerkung zu Beginn sie nur ironisch hervorhebt. **Auch den Salon werden wir nie verlassen, haben wir uns doch vorgenommen, die Einheit von Raum, Zeit und Handlung streng einzuhalten; einer Handlung, die unter Verrückten spielt, kommt nur die klassische Form bei.** (11 f.) Das Stück richtet sich so streng nach der Regel von den drei Einheiten, dass die Aufführungsdauer genau der wirklichen Dauer der Handlung entspricht und sich das Zimmer während der gesamten Handlung nicht mehr verwandelt.[19] Das Schauspiel ist so zielstrebig geführt, dass es für sich als eng gedrängte, geschlossene Situation wirkt. Die beklemmende Dichte wird durch die Andeutung der vielschichtigen Vorstellungsmöglichkeiten gelockert und gesteigert.

Die *Motive* in den PHYSIKERN bilden gleichfalls wesentliche Strukturelemente. Das Erscheinen Salomons aus der Sicht oder im Erleben der dramatischen Personen setzt deutliche Zäsuren. Die Ordnung wird zwar nicht als System, aber in ihrem Anspruch auf unbedingte Verbindlichkeit fragwürdig. In der vielgesichtigen Darstellung zerbricht im Verlauf des Geschehens ihre absolute Werthaftigkeit. Das Opfer in den verschiedensten Ausprägungen wird vorgeführt: bei Frau Möbius in der Form der Gatten- und Mutterliebe, bei Schwester Monika als karitative und Partnerliebe, bei Möbius als Liebe zur Menschheit, bei Newton und Einstein aus der Verantwortung für ihre Schuld. Parallel zum Motiv des Opfers findet sich das Motiv des Mitleids und der Verantwortung für andere. Das Motiv der Verantwortung ist besonders vielfältig ausgestattet; es reicht von der Oberschwester bis zu Missionar Rose, von Inspektor Voß bis zur Ärztin, von Frau Rose bis zu den Physikern. Dass das Motiv der Macht in diesem Schauspiel besonders häufig sichtbar wird, ist verständlich. Macht übt Oberschwester Boll aus, kraft der Anstaltsregeln, Macht vertritt Inspektor Voß, aufgrund der Gesetze. Macht übt Frau Möbius aus, dank ihrer Mutter- und Gattenliebe, auch Schwester Monika versuchte, durch ihre Liebe Macht über Möbius zu gewinnen. Schließlich wollen auch die beiden Physiker mithilfe ihrer Pistolen einen Entscheid erzwingen. Erst als sie damit scheitern, sind sie bereit der Vernunft und den Argumenten des Möbius Einfluss auf sich einzuräumen. Frl. Dr. v. Zahnd wird sogar zum Sinnbild der Weltmächtigkeit schlechthin in ihrer unbedenklichen, außerordentlichen Manipulationskunst. Sie ist es auch, die in ihrer Person die Macht ihrer Vorfahren, die in den Porträts mit im Spiel sind, vereinigt und ins Überdimensionale steigern kann. Selbstverständlich darf in dieser Aufzählung auch das Themamotiv, die Macht und Ohnmacht des Naturwissenschaftlers, nicht fehlen.

Zu Beginn des Abschnittes konnte festgestellt werden, wie sehr Einfallsreichtum und Demonstrationscharakter den Bau des Schauspiels bestimmen. Es ist deshalb müßig, in einem so offenen Spiel klassische Baumerkmale, wie z. B. eine kunstvolle Figurenkomposition, zu suchen. Es lässt sich weder eine Symmetrie in der Zuordnung der Personen noch der Szenen erkennen, will man nicht DÜRRENMATTS generelle Vorliebe für die Dreizahl, für Wiederholungen und für die Vervielfältigung einer Redefigur zu einem künstlerischen Bauprinzip erheben.

Grob eingeteilt könnte lediglich von drei Hauptszenen in jedem Akt gesprochen werden. Beide Akte beginnen mit einer Untersuchungsszene. Im 1. Akt folgen darauf die Szenen mit der Familie Rose und Schwester Monika. Im 2. Akt schließen an den Auftritt des Inspektors die beiden großen Enthüllungsszenen an. Um der Symmetrie willen, aber nicht nur deswegen, könnten jedoch auch die Szenen mit Familie Rose und Schwester Monika als Enthüllungsszenen angesprochen werden.

DÜRRENMATT setzt als eines der stärksten Gestaltungsmittel in der Komödie die *Kontrastwirkung* ein. In Sprache, in Aussage, in den Assoziationsmöglichkeiten des Requisits, überall ist sie leicht zu erkennen. Innerhalb der dramatis personae konnte zwar keine Figurenkomposition festgestellt werden, doch ist offensichtlich, wie stark sie auf Kontrastwirkung hin gestaltet wurden. Da ist der Kontrast zum Zuschauer, dann der Kontrast zu einer bestimmten Figur im Stück. Als hauptsächliche Kontrastfiguren erweisen sich die Ärztin und Möbius. Sie sind die großen Gegenspieler, beide heben sich in ihren Entscheidungen deutlich von der gesellschaftlichen Norm ab. In ihnen prägen sich die Grundpositionen aus: Der Einzelmensch, dessen Denken die innersten Gesetze der Natur erkennt, der aber als Einzelner gegenüber den Menschen versagt und der, in Ohnmacht und Resignation versinkend, gleichsam aus der Komödie heraus – und dem Publikum entgegentritt. Die Ärztin, deren Denken die innersten Regungen der Menschen zu enthüllen vermag, die es nutzt bis zur Vollendung in einer übermächtigen, den Einzelnen nicht achtenden Manipulationsfähigkeit, gleichsam Symbol für den unpersönlichen Lauf geschichtlicher Prozesse und Weltmächte.

2.3 Realität und Illusion

DÜRRENMATT siedelt seine Komödie bewusst in einer gewohnten Welt an. Die Regieanweisung für den Spielort macht dies deutlich. Alles weist auf die gegenwärtige Wirklichkeit hin. Und da ein Modell vor den Zuschauer hingestellt wird, findet er sich mit einigen anscheinend satirischen Anspielungen ab. Doch sehr schnell erkennt der Nachdenkliche, wie dieses Modell der gewohnten Realität entgleitet und sich zum Bild einer Gegenwelt entwickelt.

Herausforderung durch die bestehende Wirklichkeit und mögliche Antworten verbinden sich zu einer modellhaften, anderen Wirklichkeit, indem sie in der Gegensätzlichkeit das Gewohnte durchsichtig werden lassen. Statt Abbildung der Welt und Persiflieren ihrer Schwächen sollen neue Eigenwelten geschaffen werden.

Der Schriftsteller gebe es auf, die Welt retten zu wollen. Er wage es wieder, die Welt zu formen, aus ihrer Bildlosigkeit ein Bild zu machen [...] Was der Schriftsteller treibt, ist nicht ein Abbilden der Welt, sondern ein Neuschöpfen, ein Aufstellen von Eigenwelten, die dadurch, daß die Materialien zu ihrem Bau in der Gegenwart liegen, ein Bild der Welt geben. Was ist nun eine Eigenwelt? Das extremste Beispiel: Gullivers Reisen. (Th., 63)

Die Realität wird also zur Illusion gesteigert und diese gewinnt reale Dimensionen; sie erscheint als die genauere eigentliche Wirklichkeit. Im Paradoxen erscheint die Wirklichkeit. (Pkt. 19) Das Modell, das durch ungewohnte Aussage, durch Übersteigerung der Wirklichkeit geschaffen wurde, setzt ins Bild, schafft die Realität. Wer dem Paradoxen gegenübersteht, setzt sich der Wirklichkeit aus. (Pkt. 20) Diese Überwirklichkeit wird mit bestimmten Gestaltungsmitteln erreicht. Der Schriftsteller parodiert die Stoffe, d. h. er stellt sie im bewußten Gegensatz zu dem dar, was sie geworden sind [...] durch diesen Akt der Parodie gewinnt er wieder seine Freiheit. (Th., 128) In der Parodie werden Bewusstseinsgehalte ins Komische gezogen. Die äußerlich formale Besonderheit wird beibehalten, der Inhalt wird jedoch so verändert, dass ein Kontrast entsteht, der lächerlich wirkt (Don Quijote). Parodie als bewusst gestalteter Gegenentwurf verfremdet und übertreibt. Gleichzeitig öffnet sich mit der Komik, im Lachen, die Leere der Verunsicherung. Dies kann zum Ansatz eines neuen Bewusstseins werden. Denn hinter dem Kontrast verbirgt sich ein zutiefst in Frage gestelltes, tragisches Lebensgefühl, das nur in der Distanz des Lachens überhaupt zu ertragen ist.

Die ganze Konzeption der PHYSIKER ist eine Parodie auf die vorgegebene Wirklichkeit. Nur in dieser parodistischen Distanz, die zugleich übertreibend genau zeichnen kann, offenbaren sich die fragwürdigen Ordnungs- und Wertvorstellungen. So wird die gewohnte Welterfahrung desillusioniert und hinter ihr in unmittelbarer Konfrontation die neue Realität enthüllt, mit der sich der Zuschauer auseinander zu setzen hat.

Szenische Parodien sind das häufigste Ausdrucksmittel in den PHYSI-KERN. Oft steigert sich der komische Kontrast bis ins Groteske. Es gibt keine Szene ohne parodistische Elemente, aber es gibt Szenen, z. B. die Roseszene, die, ganz als Parodie gestaltet, nur so ihre Bedeutung und Tiefe gewinnen. Die sprachliche Parodie reicht in ihrer Wirkung vom bloßen Wortspiel: Wir wären fertig, Herr Inspektor. Inspektor dumpf: Und mich macht man fertig. (17) bis zur bewussten Doppeldeutigkeit: Newton: Ich ertrage Unordnung nicht. Ich bin eigentlich nur Physiker aus Ordnungsliebe geworden. (19) oder Newton: [...] Sie liebte mich und ich liebte sie. Das Dilemma war nur durch eine Vorhangkordel zu lösen. (20)

Die Grenzen zwischen Parodie und Groteske sind in der Komödie fließend.[20] Die Liebesszene zwischen Möbius und Schwester Monika wandelt sich von der Parodie in die Groteske. Ist zu Beginn der Szene das Missverstehen lächerlich oder peinlich, so wird im Verlauf der Unterhaltung der Bewusstseinsgehalt Liebe immer stärker verfremdet, bis die Kategorien unserer Weltorientierung versagen (Kayser, 137) und jede Identität mit unserer bisherigen Vorstellung von einer Liebesszene schwindet. Der Mord an Schwester Monika ist im Augenblick der Tat ein Einbruch, der unfassbar, undeutbar, absurd erscheint.

Die Gestalt der Irrenärztin spielt als Ganzes ins Groteske. Eine Ärztin als die Mitleidlose, die in ihrer Machtbesessenheit zum Besitz des Zerstörerischen, Tödlichen drängt, erregt in dem Zuschauer ein Grauen vor der **entfremdeten Welt** (Kayser, 136), in der man nicht zu leben vermöchte. Gerade bei der Ärztin sind die natürlichen Proportionen in eine Ungestalt verzerrt (Kayser, 137), was schon äußerlich durch die bucklige Gestalt dokumentiert wird. (Vgl. Szenenfoto Mat. 6, S. 110.) Die *Groteske* erscheint ebenso in den Motiven, z. B. die Physiker im Irrenhaus, wie in der sprachlichen Ausformung: **Sie sind hier der Kriminelle, Richard** (23) oder **Verrückt, aber weise.** **Gefangen, aber frei, Physiker, aber unschuldig.** (77) Sie drückt sich in den Namen aus, Newton, Einstein, die so rückwirkend aus ihrer geistesgeschichtlichen Dignität gelöst werden, womit gleichzeitig auch der menschliche Fortschritt in seiner geschichtlichen Einordnung zertrümmert wird (Kayser, 137). Uwe Sievers und die Namen der beiden anderen Boxmeister gehören in den gleichen Zusammenhang. Einmal wird damit eine gesellschaftliche Zuordnung verfremdet, aber darüber hinaus auch eine gesellschaftliche Funktion (vgl. auch Ärztin) ins Unheimliche verändert: vom Akteur im sportlichen Showgeschäft zum KZ-Wächter. Sogar in der Regieanweisung begegnet uns dieses Gestaltungsmittel: Die (ermordete) Krankenschwester, eine Judomeisterin, **liegt auf dem Parkett, in tragischer und definitiver Stellung, mehr im Hintergrund, um das Publikum nicht unnötig zu erschrecken.** (13)

Nicht **das Zerbrechen der moralischen Weltordnung,** sondern **das Versagen der physischen Weltorientierung** (Kayser, 137), der Einbruch apokalyptischer Dimensionen, wird in seinem Grauen besonders in der Schlussszene deutlich. Spätestens hier wird auch dem oberflächlichen Zuschauer klar, dass sich die Handlung auf der Bühne, gerade in der Verzerrung der Proportionen, in zwar noch illusionäre, aber dennoch nicht abweisbare, entsetzliche Realität gewandelt hat. Es ist, **als ob ein Es, ein fremder, unmenschlicher Geist in die Seele** (Kayser, 136) der buckligen Ärztin gefahren sei, durch den das Menschliche verrückt worden wäre. Wie die Irrenärztin aus der sozialen und menschlichen Bindung herauswächst in das Impersonale geschichtlicher Faktizität und Unabwendbarkeit, so erstirbt dem Zuschauer jedes Lachen in dem Grauen vor diesem unheimlichen Vorgang.

Die logische Perspektive liegt im Schlusswort des Möbius, in der Fortsetzung der Psalmparodie, die gleichfalls schon stark ins Groteske hineinreicht. Es ist die Antwort auf die entfremdete und doch so entsetzlich bekannte Welt: der Wachtraum von der zerstörten Erde.

Bei aller Ratlosigkeit und allem Grauen über die dunklen Mächte, die in und hinter unserer Welt lauern und sie uns entfremden können, wirkt die echte künstlerische Gestaltung zugleich als heimliche Befreiung. Das

Dunkle ist gesichtet, das Unheimliche entdeckt. Das Unfaßbare zur Rede gestellt. Und so ergibt sich eine letzte Deutung: die Gestaltung des Grotesken ist der Versuch, das Dämonische in der Welt zu bannen und zu beschwören. (Kayser, 139)

Dies will DÜRRENMATT erreichen: Die Groteske ist eine der großen Möglichkeiten, genau zu sein. Es kann nicht geleugnet werden, daß diese Kunst die Grausamkeit der Objektivität besitzt, doch ist sie nicht die Kunst der Nihilisten, sondern weit eher der Moralisten [...] (Th., 137). Die Groteske ist eine äußerste Stilisierung, ein plötzliches Bildhaftmachen und gerade darum fähig, Zeitfragen, mehr noch, die Gegenwart aufzunehmen. (Th., 136) Unsere Welt hat ebenso zur Groteske geführt, wie zur Atombombe [...] Doch das Groteske ist nur ein sinnlicher Ausdruck, ein sinnliches Paradox, die Gestalt nämlich einer Ungestalt, das Gesicht einer gesichtslosen Welt. (Th., 122)

DÜRRENMATT lässt den Zuschauer in dieser Komödie die Wahrheit als groteskes Spiel erleben und als Überrealität erkennen. Und wenn Möbius tragisch scheitert an seiner grotesken Entscheidung seine Erkenntnisse im Irrenhaus zu begraben, so erweckt er kaum Mitleid trotz der offensichtlichen Tapferkeit seines Handelns, eher den Entschluss, es anders zu machen. Doch ist das Tragische immer noch möglich [...] Wir können das Tragische aus der Komödie heraus erzielen, hervorbringen als einen schrecklichen Moment, als einen sich öffnenden Abgrund [...] (Th., 122 ff.) In den PHYSIKERN springt der schreckliche Moment des Tragischen den Zuschauer an als Paradoxie: Der mit allen Mitteln tragischen Heldentums ausgestattete Möbius endet als absurder Held.

Nun liegt der Schluß nahe, die Komödie sei der Ausdruck der Verzweiflung, doch ist dieser Schluß nicht zwingend. Gewiß, wer das Sinnlose, das Hoffnungslose dieser Welt sieht, kann verzweifeln, doch ist diese Verzweiflung nicht eine Folge dieser Welt, sondern eine Antwort, die er auf diese Welt gibt, und eine andere Antwort wäre sein Nichtverzweifeln, sein Entschluß etwa, die Welt zu bestehen [...] (Th., 123)

Der Zuschauer sieht in der Illusion des Theaters seine Weltrealität Stück für Stück in die Brüche gehen, weil sie illusionär geworden ist; die Theaterillusion dagegen wird als die in Zukunft zu bestehende Realität erkannt (Pkt. 21). Ein so von DÜRRENMATTS Dramatik überlisteter Zuschauer mag sich wie Herkules angesprochen fühlen:

Es ist eine schwere Zeit, in der man nur so wenig für die Welt zu tun vermag, aber dieses Wenige sollen wir wenigstens tun: das Eigene. Die Gnade, daß unsere Welt sich erhelle, kannst du nicht erzwingen, doch die Voraussetzung in dir kannst du schaffen [...] Verwandle Ungestalt [...] Wage jetzt zu leben und hier zu leben, mitten in diesem gestaltlosen wüsten Land [...][21]

2.4 Sprache und Sprachhaltung

Ich schreibe aus einem mir immanenten Vertrauen zum Theater, zum Schauspieler, heraus. Das ist mein Hauptantrieb [...] Der Schauspieler braucht nur wenig, um einen Menschen darzustellen, nur die äußere Haut, Text eben, der freilich stimmen muß. Ich meine: So wie sich ein Organismus abschließt, indem er eine Haut bildet, ein Äußerstes, schließt sich ein Theaterstück durch die Sprache ab. Der Theaterschriftsteller gibt nur sie. Die Sprache ist sein Resultat. Darum kann man auch nicht an der Sprache an sich arbeiten, sondern nur an dem, was Sprache macht, am Gedanken, an der Handlung etwa; an der Sprache an sich, am Stil an sich arbeiten nur Dilettanten. (Th., 181)

Zu den Strukturschichten eines Wortkunstwerks gehört die Sprache. Wenn DÜRRENMATT der Sprache in seinen Schauspielen eine solche Randbedeutung beimisst, so zeigt sich der Grund in den PHYSIKERN sehr klar. Sein Theaterstück ist straff auf den Schluss hin gestaltet. Die wesentlichen Strukturelemente dieser Zielstrebigkeit dem Ende zu wurden in den Kapiteln zuvor dargestellt. Die Sprache ist ihnen untergeordnet, sie ist Resultat. Als Darstellungsmittel der Handlung dient auch sie zur Bezeichnung der Missverständlichkeit, zur bewussten oder unbewussten Täuschung und gibt daher dem Zuhörer nicht die Sicherheit eines offenen Handlungsfortgangs, wie er ihn aus der Klassik gewöhnt ist. Die verwirrende Vieldeutigkeit, ja, die Veränderung sogar des Wortinhaltes in parodistischen oder grotesken Formulierungen macht den Zuschauer wie auch die Handlung selbst unsicher. In der Spannung zwischen gewohntem Aussagewert und der Vieldeutigkeit der Aussagemöglichkeiten eröffnen sich für ihn neue Aspekte. Der Ansporn zum Erkennen, was nun wirklich Realität und was Illusion ist, wird gesteigert im Zusammenspiel mit den anderen Strukturelementen: Die Handlungsstränge werden vielschichtig, die Problemaussage vieldeutig. Dabei haben gerade die außersprachlichen Strukturelemente die gewichtigere Ausdrucksqualität. Sie, und nicht die Sprache, entwickeln im Zuschauer die Durchsicht und die eigentliche Realität und Problematik.

Durch diese Ausdruckstechnik vollzieht sich die Aufnahme in mehreren Stufen. Unmittelbar nimmt der Zuschauer durch das Handeln und Sprechen der Personen Aussagegehalte auf. Bald spürt er, dass er bewusst ein Vexierbild vorgesetzt bekommt. Er beginnt der unmittelbar wahrnehmbaren Rede zu misstrauen. So in seinen Sinnen geschärft erkennt er dann hinter dem vordergründigen Handeln und dem offensichtlichen Sprachsinn die von DÜRRENMATT geformte Gegenwelt. Aber auch sie ist kein eindeutiger Entwurf, sondern es sind in vielgestaltigem Spiel der Paradoxien sich konturierende Möglichkeiten. In Schwerpunkten der Handlung (gewichtige Personenkonstellationen oder Entscheidungsdialoge) vollziehen sich die Kristallisationen der Problematik, mit der sich der Zuschauer auseinander setzen muss. In solchen entscheidenden Szenen oder Teilszenen wirken meist alle Strukturelemente zusammen.

Die besondere Bedeutung der außersprachlichen Strukturelemente für den Aufbau des Theaterstücks hat Folgen für die Sprache. Eine ihrer wichtigsten Funktionen ist die Enthüllung, nicht mehr die Aussage. Ein harmloser oder nebensächlicher Satz kann, auf das Ganze des Theaterstücks bezogen, die wahre Sachlage enthüllen: **Wie stellen Sie sich diese Sicherheitsmaßnahmen vor, Inspektor? Ich leite eine Heilanstalt, nicht ein Zuchthaus.** (26) **Für wen sich meine Patienten halten, bestimme ich. Ich kenne sie weitaus besser als sie sich selber kennen.** (25) Schwester Monika versetzt mit dem banalen **Ich liebe Sie** (46), ohne dass sie es selber ahnt, das ganze Geschehen in den entscheidenden dramatischen Wirbel der Entlarvung. Gerade diese Szene zeigt auch deutlich, wie verwirrend und unzuverlässig für einen genauen Meinungsaustausch die Sprache geworden ist. Diese Ungenauigkeit, diese Irreführung jedoch treibt die Handlung weiter und die Fragwürdigkeit der sprachlichen Aussage macht die Probleme durchsichtig. Durch den Verlust an eindeutigem Aussagewert gewinnt die Sprache Vielschichtigkeit, Tiefe und Hintergrund.

Die Ordnung und die eindeutige Informationsqualität der Sprache verbindet die Menschen. Wird diese Ordnung durchbrochen, werden diese Regeln nicht eingehalten, bricht die Möglichkeit einer Verständigung zusammen. Trotzdem kann es noch zum Gespräch zwischen den Menschen kommen. In den PHYSIKERN ist dieses leere Gespräch ohne ehrliche Gesprächspartnerschaft zu einem künstlerischen Darstellungsmittel geworden, das konsequent die heutige Realität enthüllt. Denn in den Dialogen erleben die Zuschauer die gespenstische Parodie auf das wahre, das Gemeinsame suchende Gespräch. Interessanterweise findet sich diese Gesprächsehrlichkeit nur einmal, am Schluss der Physikerszene, doch hier wird dann die Szene vom Wortinhalt ins Groteske gesteigert.

Wir stellen in der Dialogführung drei Gesprächsformen fest. Das Zueinander- bzw. Gegeneinander-Sprechen enthüllt die Ergebnislosigkeit des Gesprächs oder die gegenseitige Verständnislosigkeit der Sprechenden. Oft wird die Verständnislosigkeit durch die offenkundige Hilflosigkeit des Gegenspielers noch unterstrichen. Dieses Ausbrechen des Dialogs ins Leere trägt in sich eine eigentümliche Dynamik und drängt so die Handlung am flüssigsten fort ohne die gehaltliche Aussage weiterzuführen. Es ist die häufigste Dialogform. Sie wird meist aus einer Situation heraus geführt, die die Personen zum Reden zwingt. Dieses Gegeneinander-Sprechen wird deutlich u. a. im Dialog Oberschwester – Inspektor oder Frl. Doktor – Inspektor im ersten Akt.

Die Roseszene ist ein typisches Beispiel für das Nebeneinanderhersprechen. Es enthüllt in der Konformität der Meinungen und Aussagen die hinter der Sprache liegende, vorgeprägte konventionelle Gedanken- und Vorstellungswelt, aus der heraus die Personen sprechen oder zu sprechen vorgeben. Der demonstrierte Einklang provoziert den Zuhörer zur Antithese. Schwester Monika und Möbius demonstrieren in aller Deutlichkeit das Aneinandervorbeireden. Beide haben verschiedene begriffliche Vorstellungen, da sie unterschiedlichen Denkbereichen angehören. Selbst in der mitmenschlichen Kommunikation kann es zu keiner Gemeinsamkeit kommen: Die gleichen Worte haben einen verschiedenen Stellenwert. Da Möbius sich ins Gespräch einstimmen muss, versucht er bewusst oder unbewusst sich der anderen Sprachschicht anzupassen. Damit gelingt es ihm, sein andersartiges Denken vor Schwester Monika und den Zuschauern bis über den Mord hinaus zu verheimlichen. Der misslungene Versuch, zu einer persönlichen Gesprächsintimität zu kommen, die Kluft zwischen Wort und Wort und damit zwischen Mensch und Mensch, zeigt in erschütternder Weise die Ohnmacht des Menschen in einer zerbrochenen Welt. Wie trotz des abwehrenden Handelns sich das Schicksal mit unabwendbarer Wucht erfüllt, ja, wie gerade in der sprachlichen Ohnmacht der Vereinzelung durch das Reden und Handeln dieses Schicksal erst heraufbeschworen wird, dafür ist diese Dialogszene ein hervorragendes Beispiel. In der sprachlichen Demonstration der schicksalhaften Hineingebundenheit der Menschen in eine vielgesichtige, brüchig gewordene Welt korrespondiert diese Schlussszene mit der Enthüllung am Schluss des 2. Aktes. Erst im Verständnis dieser Szene wird klar, weshalb das Opfer des Einzelmenschen Möbius notwendigerweise wirkungslos bleiben muss.

Die Sprache verliert in den PHYSIKERN ihr Eigentümlichstes: die Aussagekraft, die Eindeutigkeit. Damit ist auch der Grund bloßgelegt, aus dem die vorgegebene Wirklichkeit zur Un-Wirklichkeit werden muss. Auch die Sprache wird zur künstlerischen Ausdrucksform dieser vielgesichtigen, paradoxen Wirklichkeit, die nur noch im Kontrast die wahre Realität sichtbar werden lassen kann. Ihre Funktion gestaltet sich aus der Idee heraus, dass nur die völlige Verunsicherung den Zuschauer frei macht, sich der Wirklichkeit auszusetzen. Die Sprache ist Teil der Gebrochenheit des Gesamtgefüges. Die Facettierung lässt alles für den Zuschauer offen, so offen, wie die Sprache im Stück geworden ist. Aus diesem Widersinn jedoch kann ein neues Bewusstsein entstehen: Resignation vor der Ausweglosigkeit oder das Wagnis, **die Welt [neu[22]] zu formen, aus ihrer Bildlosigkeit ein Bild zu machen.** (Th., 63)

2.5 Gesellschaftsschilderung und Gesellschaftskritik

Die Welt, die durch das Theater wiedergegeben werden kann, ist die Gesellschaft, kann nur die Gesellschaft sein (Th., 184).

Der Mensch lebt heute in einer Welt, die er weniger kennt, als wir das annehmen. Er hat das Bild verloren und ist den Bildern verfallen [...] Der Mensch versteht nicht, was gespielt wird, er kommt sich als ein Spielball der Mächte vor, das Weltgeschehen erscheint ihm zu gewaltig, als daß er noch mitbestimmen könnte; was gesagt wird, ist ihm fremd, die Welt ist ihm fremd. Er spürt, daß ein Weltbild errichtet wurde, das nur noch dem Wissenschaftler verständlich ist, und er fällt den Massenartikeln von gängigen Weltanschauungen und Weltbildern zum Opfer, die auf den Markt geworfen werden und an jeder Straßenecke zu haben sind. (Th., 60)

Der Mensch denkt immer in Begriffen und stellt aus den Begriffen seine Probleme auf, aber er selbst lebt in einer Welt der Konflikte, in einer Welt, in der sich die Einsichten, Motive und Leidenschaften widerstreiten, er lebt in ständiger Kollision bald mit sich selbst, bald mit der Familie, bald mit dem Staat. In dieser Welt der Konflikte steht aber auch das Theater, das ist seine gleichbleibende Position, die Frage nach seiner Funktion lautet, ob sich das Theater als Mittel eigne, die Welt der Konflikte vom Problem her zu ändern [...] (Th., 207).

Der Held eines Theaterstückes treibt nicht nur eine Handlung vorwärts, oder erleidet ein bestimmtes Schicksal, sondern er stellt auch eine Welt dar. Wir müssen uns daher die Frage stellen, wie unsere bedenkliche Welt dargestellt werden muß, mit welchen Helden, wie die Spiegel, diese Welt aufzufangen, beschaffen und wie sie geschliffen sein müssen [...] (Th., 118).

Schiller schrieb so, wie er schrieb, weil die Welt, in der er lebte, sich noch in der Welt, die er schrieb, die er sich als Historiker erschuf, spiegeln konnte [...] Die heutige Welt, wie sie uns erscheint, läßt sich dagegen schwerlich in der Form des geschichtlichen Dramas Schillers bewältigen [...] Der heutige Staat ist [...] unüberschaubar, anonym, bürokratisch geworden [...] Die echten Repräsentanten fehlen, und die tragischen Helden sind ohne Namen. Mit einem kleinen Schieber, mit einem Kanzlisten, mit einem Polizisten, läßt sich die heutige Welt besser wiedergeben als [...] mit einem Bundeskanzler. Die Kunst dringt nur noch zu den Opfern vor, dringt sie überhaupt zu Menschen, die Mächtigen erreicht sie nicht mehr. Kreons Sekretäre erledigen den Fall Antigone. (Th., 119)

Alle Feststellungen DÜRRENMATTS – es könnten noch viele angereiht werden – deuten auf folgende Tatbestände hin:

1. Sein Theater beschäftigt sich mit den Menschen in ihrer gesellschaftlichen Wirklichkeit.
2. Die gesellschaftliche Wirklichkeit ist heute so, dass sie im Theaterstück nicht mehr als Realität darstellbar ist. Die einheitliche Prägung durch ein Weltbild ist verschwunden, der Mensch erfährt sich in vielfältigen Bildern, die keinem einheitlichen Bildungsraum mehr entstammen.

3. Die gesellschaftliche Wirklichkeit, in der der Mensch lebt, hat ihren Zusammenhang verloren. Übergreifende Ordnungen sind nicht mehr einsehbar, sondern nur noch in kaum fassbaren Auswirkungen zu erkennen.
4. Der Mensch fühlt sich in der Gesellschaft nicht mehr geborgen. Sie ist für ihn nicht mehr als Ganzes realisierbar, es sei denn in der Massengesellschaft. Gerade sie jedoch macht die Atomisierung der Gesellschaft als einem Miteinander deutlich, wirft den Menschen in die Ungeborgenheit individueller Daseinsbewältigung.
5. Menschliche Gemeinsamkeit ist zum Problem geworden, weil die Wahrheit, die Wirklichkeit zugunsten von Teilaspekten verloren gegangen ist.
6. Ursache dieser Erscheinung ist die ungeheure Erweiterung des Wissens von Mensch, Natur, Staat, Wirtschaft, wodurch es dem Einzelnen unmöglich wird, sich eine umfassende neue Weltanschauung zu bilden, obwohl er erkennt, dass die überlieferte Weltanschauung ihre daseinserhellende Kraft verloren hat und fragwürdig geworden ist.

DÜRRENMATT sieht seine Aufgabe als Schriftsteller in dem Versuch unsere Welt immer von Neuem zu entdecken und zu erobern (Th., 42). Das Verhältnis des Menschen zu seiner gesellschaftlichen Wirklichkeit wird in vielfältigen Spiegelungen dargestellt, weil nur in möglichen Modellen die Fassade der Konvention, die Weltbewältigung durch routinemäßiges Weiterlaufenlassen durchbrochen werden kann.

Hypotheses fingo: Der Weg, den meine Dramatik eingeschlagen hat, ist [...] vom ›Denken über die Welt‹ zum ›Denken von Welten‹ übergegangen [...] Jede Dramatik wird durch ihr Ziel bestimmt. Ihr Ziel kann die ›Wiedergabe der Welt‹ sein. Die Frage ist nun: Gibt es eine andere Dramatik? [...] Zielt die Dramatik auf eine ›Wiedergabe der Welt‹, muß sie sich daher dem Satz Newtons unterwerfen: Hypotheses non fingo. Sie wird ›naturwissenschaftlich‹ abhängig von der Theorie über die Welt, auf die sie sich stützt, deren Sieg oder Niederlage dann ihren jeweiligen Wahrheitsgehalt bestimmt [...] Ist die Forderung einmal fallengelassen worden, die Welt des Theaters und die Wirklichkeit müßten übereinstimmen, ist eine neue Freiheit erreicht. Aber auch eine neue Gefahr [...] ins Leere zu stoßen [...] Ist der Ausgangspunkt eine Fiktion [...] genügt die Forderung, ein Kunstwerk müsse an sich stimmen, allein nicht mehr. Die Fiktion muß auch die Realität in sich schließen, die ›mögliche Welt‹ muß auch die ›wirkliche Welt‹ in sich enthalten [...] Der Realität muß im Theater eine Überrealität gegenüberstehen. Aus den Fiktionen müssen ›Mythen‹ hervorgehen, sonst sind sie sinnlos. (Th., 184 ff.)

DÜRRENMATT verzichtet darauf, die Welt als Ganzes auf die Bühne zu bringen. Dies scheint ihm nicht mehr möglich. Er beschränkt seine Arbeit auf das Gestalten von **möglichen menschlichen Beziehungen** (Th., 184). Da der Mensch aber in einer Welt von Konflikten lebt, ist DÜRRENMATTS Darstellung der Gesellschaft nur in der Facettierung dieser Konflikte möglich. Jede Szene, jeder entscheidende Dialog vergegenwärtigt eine Kollision, erfordert Erkenntnis oder Entscheidung der Personen des Stücks und durch sie im Zuschauer, über gesellschaftliche Teilordnungen bis zum Grundkonflikt der *PHYSIKER*: dem gestörten Verhältnis zwischen Naturwissenschaft und gesellschaftlicher und staatlicher Wirklichkeit. Aus der Erkenntnis und der Entscheidung jedoch kann sich die Gegenwirklichkeit, wenigstens in der Möglichkeit, in der Kritik bilden. Eine Lösung des Konflikts verlangt die Komödie im Gegensatz zur Tragödie nicht; sie begnügt sich mit der dramatischen Enthüllung. Auf eine solche Weckung des kritischen Unterscheidungsvermögens ist das Theaterstück angelegt. Sämtliche Strukturelemente werden dafür eingesetzt. Die Schilderung der Landschaft, dieses provinzielle Bild einer geordneten Bürgerlichkeit am Rande der Welt und doch Modell unserer großen Welt, bildet den Auftakt. Die ausführliche, episch-gefärbte Regieanweisung wäre für das Stück nicht nötig, wenn nicht ein Welt- und Gesellschaftsmodell vor uns hingestellt werden sollte, in dem alles in die vorgegebene Ordnung hineingezwungen wird. Satz für Satz dieser Regieanweisung ist beißende Satire auf unsere Gesellschaft in unserer Zeit.

DÜRRENMATT geht von der vorgegebenen Wirklichkeit aus, so stellten wir früher fest. Zum paradoxen Haupteinfall dieses Theaterstückes gehört, dass diese Wirklichkeit das Irrenhaus ist, dass **die ganze geistig verwirrte Elite des halben Abendlandes** (12) dort versammelt ist: Die Gesellschaft heute lebt im Irrenhaus! **Im Paradoxen erscheint die Wirklichkeit!** (Pkt. 19) Die Ungeheuerlichkeit dieses Einfalls löst die Kette von überraschenden und demaskierenden Einfällen in den Szenen aus. Sie sind recht eigentlich die schneidenden Seziermesser, die erbarmungslos die gesellschaftliche Wirklichkeit heute offen legen: Dahinter sieht der Zuschauer die totale Sinnlosigkeit privaten Heldentums, die erbarmungslose Vereinzelung, eine gnadenlose Diesseitigkeit. Schicksalhaftigkeit, transzendentale Bindungen sind aufgegeben, es regiert die absolute Bedingtheit menschlicher Vernunft. In einer Welt, in der der menschliche Horizont Grenze jeder Erkenntnis ist, herrscht die Zufälligkeit. Der Zufall und die Sinnlosigkeit menschlichen Handelns bedingen sich, beides sind Folgen der unüberschaubar gewordenen Welt. Letzter Grund für dieses Chaos ist jedoch wieder das menschliche Tun, das die natürliche Ordnung der Schöpfung seiner Vernunft zum Opfer brachte[23] ohne eine neue Ordnung gestalten zu können.

Der Tod der Krankenschwester ist genau so zufällig wie die Wahl des Sanatoriums durch Möbius. Aber auch die Freiheit des Wissenschaftlers und Menschen ist keine Entscheidung, sie ist Zufall, wie der doppelte Coup de Théâtre am Schluss demonstriert. Die schwankhafte Verwirrung, die durch die Enthüllungen der Physikeragenten geschaffen wird, die *zufällig* (64) die Dissertation von Möbius gelesen hatten, der Eiertanz ihrer Angebote einer freien Forschung, enthüllt ihre Ohnmacht und die der Mächtigen. Und mit der Schluss-Enthüllung, die dem Zuschauer die letzte reale Wahrscheinlichkeit der Entscheidung für eine innere Freiheit des Menschen zerfetzt, bricht der Person gewordene Zufall in Gestalt der Irrenärztin in die Spielwirklichkeit ein.

In der Herrschaft des Zufalls gibt es keine Erlösung, kein Opfer, nur erstarrende Resignation vor dem nicht mehr zu ändernden Geschehen der rasenden Selbstzerstörung. Die schlimmstmögliche Wendung ist in dieser Welt und Gesellschaft nicht voraussehbar. Sie tritt durch Zufall ein (Pkt. 4). In der Spielwirklichkeit, also im Modell einer möglichen Realität, ist das Spiel für diese Gesellschaft aus. Möbius macht das deutlich. Für sie gibt es keine Hoffnung, nicht einmal die auf Gnade. Während des Hinunterstürzens ins Erdinnere lässt DÜRRENMATT am Schluss seiner Erzählung DER TUNNEL den 24-jährigen Passagier auf die Frage des Zugführers: Was sollen wir tun? ausrufen: **Nichts. Gott ließ uns fallen und so stürzen wir denn auf ihn zu.** In seiner frühen Prosa hat DÜRRENMATT diesem Sturz in die Vernichtung noch ein transzendentales Ziel gegeben, für die Gesellschaft im Irrenhaus bleibt nur das Nichts absoluter Sinnlosigkeit, in der Irresein nicht einmal irdische Erlösung bedeutet.[24]

3 Die Auffassung von Welt und Leben

3.1 Die Verantwortung der Physiker

Jede Apparatur, die denkbar ist und deren Funktionen den Gesetzen der Physik nicht widersprechen, kann vom Menschen gebaut werden. Die Verwirklichung ist lediglich eine Frage des technischen Aufwandes. Doch den Gesetzen des Lebens kann sie widersprechen, denn mit den Gesetzen der Physik läßt sich das Leben nicht erfassen. **Daher ist es vordringliche Aufgabe der Physiker, der Naturwissenschaftler überhaupt, dafür zu sorgen, daß die Physik zum Dienst am Lebendigen und nicht zu dessen Vernichtung eingesetzt wird.** So etwa könnte man die Verfechter einer unbedingten Rücksichtnahme auf den rückständigen politischen Zustand der Menschheit reden hören. Möbius erscheint als ihr Kronzeuge. Kann er es sein?

> [...] daß man um eines politischen Systems willen mordet, ist heute beinahe schon so an der Tagesordnung [...] Der letzte Mord, der des Möbius, [...] geschieht [...] aus moralischen Gründen [...] Die unmenschliche Tat des Möbius geschieht also mit Rücksicht auf die Menschheit [...] Möbius hat noch nicht die philosophische Haltung des großen Romulus[25] erreicht, der da sagt: ›Ich möchte die Weltgeschichte nicht stören, liebe Julia [...]‹ Möbius handelt im guten Glauben an die moralische Rechtfertigung seiner Tat. Die Weltgeschichte belehrt ihn, daß er zwar gutgläubig, aber ohne Überblick gehandelt hat. Durch die praktische Verwertung seiner Erkenntnisse ist das Opfer von Schwester Monika zum sinnlosen Mord geworden [...] Die im Namen der Menschlichkeit verübte unmenschliche Tat ist grundsätzlich verfehlt, weil kein Einzelner den Überblick hat, um die Richtigkeit der Tat von vornherein einzuschätzen.

So urteilt Jacob Steiner im Programmheft des Schauspielhauses Zürich 1961 zur Premiere des Stückes.

In seiner Rede zur Übergabe des Schillerpreises 1959 in Mannheim nimmt DÜRRENMATT gleichfalls zur Frage der Verantwortung Stellung:

> Wir haben aufs neue zu durchdenken, was des Staates und was des einzelnen ist, worin wir uns zu fügen haben, wo zu widerstehen ist, worin wir frei sind. Die Welt hat sich nicht so sehr durch ihre Revolution verändert, wie man behauptet, sondern durch die Explosion der Menschheit ins Milliardenhafte, durch die notwendige Aufrichtung der Maschinenwelt, durch die zwangsläufige Verwandlung der Vaterländer in Staaten, der Völker in Massen, der Vaterlandsliebe in eine Treue der Firma gegenüber. Der alte Glaubenssatz der Revolutionäre, daß der Mensch die Welt verändern könne und müsse, ist für den einzelnen unrealisierbar geworden [...] der Satz ist nur noch für die Menge brauchbar, als Schlagwort [...] Der Teil geht nicht mehr

im ganzen auf, der einzelne nicht mehr in der Gesamtheit, der Mensch nicht mehr in der Menschheit. Für den einzelnen bleibt die Ohnmacht, das Gefühl übergangen zu werden, nicht mehr einschreiten, mitbestimmen zu können, untertauchen zu müssen, um nicht unterzugehen, aber auch die Ahnung einer großen Befreiung, von neuen Möglichkeiten, davon, daß nun die Zeit gekommen sei, entschlossen und tapfer das Seine zu tun. (Th., 228)

Hier finden wir im Kern eine Theorie zu den PHYSIKERN. Doch die Antwort auf unsere Frage nach der Verantwortung bleibt sibyllinisch. Der Einzelne kann heute die Welt nicht mehr verändern! Möbius wollte durch die Zurücknahme seines Wissens eine risikoreiche (74) Entwicklung und damit eine Veränderung der Welt verhindern. Doch alle Opfer blieben sinnlos. Handelte er verantwortungslos, weil er die eigenen Möglichkeiten überschätzte? Möbius war aber auch der Physiker, der entschlossen und tapfer das Seine zu tun glaubte. Dennoch, gerade sein Versuch unterzutauchen war der Zufall, der den Weltmächtigen die Macht in die Hand spielte und die ganze Ohnmacht des Menschen offenbarte. Somit ist auch das moralische Verhalten, im Bereich des Heldischen **tapfer das Seine tun,** zumindest belanglos.

Ist wenigstens sein Tun moralisch zu rechtfertigen? Das totale Scheitern des Möbius deutet sicher eher auf eine Negation. Gerade sein Handeln in der Vereinzelung zeugte von seiner Hybris, seiner mangelhaften sozialen Einsicht. Auch der **größte Physiker aller Zeiten** vermag nur zu wirken im Verein mit allen Menschen (Pkt. 16, 17, 18). Damit wird Möbius ebenso zum negativen Helden wie Brechts Galilei. Er versagte wie dieser vor den Problemen, die seine Wissenschaft in der gesellschaftlichen Wirklichkeit seiner Zeit ihm zur Aufgabe machte. Wie Galilei glaubte er, dass seine wissenschaftliche Erkenntnis ihm allein verfügbar bleibe, sein persönliches Eigentum sei, für das er auch in persönlicher Entscheidungsfreiheit allein verantwortlich sei. Schon in der Enthüllungsszene 1 zeigt sich die Fragwürdigkeit eines so individuellen Standpunktes und in der Enthüllungsszene 2 wird er ad absurdum geführt. **Was alle angeht, können nur alle lösen** (Pkt. 17).

Trotzdem ist Möbius auch der verantwortungsbewusste, mutige Mensch. Er ist es und kann es dort sein, wo er nur als Mensch sich bewähren muss. In diesem privaten Bereich nimmt er sein Schicksal mutig an. Diese Tapferkeit zeigt sich in der Trennung von der Familie bis zum provozierten Bruch. In der Szene mit den Physikern steigert sie sich zur Einsicht, dass sein Handeln zur persönlich zu verantwortenden Schuld führte: Die Freiheit des Handelns wird bewusst beschränkt auf die freiwillige Übernahme der Sühnetat. Möbius' Größe als Einzelmensch vor seinem Schicksal wird dann deutlich, als er die Planmäßigkeit seines Vorgehens für die Mitmenschen zerschlagen sieht durch die Macht des Zufalls in der Gestalt der Irrenärztin. Was hier zerbrach, ist die Möglichkeit in der Welt für die Allgemeinheit Entscheidendes zu tun, als Einzelner, als Held. Die überpersönlichen Mächte und die Gebrochenheit der Ordnungen geben dem Menschen nur noch die Freiheit zu sich selbst zurückzukehren, die Ohnmacht zu ertragen, ohne zu verzweifeln und ohne den gemeinmenschlichen Zusammenhang in der Verantwortung zu verlieren. Denn die Schwierigkeit liegt für den heutigen Menschen darin, dass er durch Aktivität zum Fortschritt und zum Handeln genötigt ist. Der Rückbezug in die Verantwortung bedeutet nichts anderes als auch ein Handeln und Kämpfen gegen sich selbst, da beides, Erkenntnisdrang und Verantwortung, aus der gleichen Wurzel des Menschen und der Menschheit entspringt: der Vernunft.

> Der Trost, daß auch das Zusammenbrechen aller Dinge Gnade ist, ja daß es die Engel selbst sind, die töten, ist der Gewißheit gewichen, daß der Mensch aus eigenem Antrieb ein Inferno der Elemente zu entfesseln vermag, das man einst nur Gottes Zorn zuzuschreiben wagte. So ist Ereignis geworden, was Offenbarung war, aber es ist nicht mehr ein Kampf um Gut und Böse [...] Die Menschheit ist als Ganzes schuldig geworden, ein jeder will mit den Idealen auch die Kehrseite retten: die Freiheit und die Geschäfte, die Gerechtigkeit und die Vergewaltigung [...] Der Mensch [...] hat sich ein Diesseits errichtet, das Höllen aufweist, die Schuldige und Unschuldige in einer Welt gleicherweise verschlingen [...] Unfähig die Welt nach seiner Vernunft zu gestalten, formte er sie nach seiner Gier [...] ein Gefangener seiner eigenen Sünde. (Th., 40 f.)

Das ist das Zwiespältige, das Unlösbare für den Dramatiker DÜRRENMATT, während der Autor der theoretischen Aufsätze dieser Schwierigkeit ausweichen kann. DÜRRENMATT als Schauspielautor gibt gerne den passiven ›Helden‹ seiner Stücke die große menschliche Überlegenheit, in oder gerade wegen der Sinnlosigkeit gegen das Impersonale anzugehen. In *DER BLINDE*[26] siegt der blinde Herzog durch seine völlige Passivität, obwohl auch er für sein Land und seine Untertanen Sorge zu tragen hat, und in *ROMULUS DER GROSSE* gewinnt der ›Held‹ Größe, weil er trotz der Verpflichtung, in der Weltgeschichte eine Rolle zu spielen, sich bewusst nur im Privaten die Freiheit des Handelns bewahrt.

Eine Geschichte ist dann zu Ende gedacht, wenn sie ihre schlimmstmögliche Wendung genommen hat. Die schlimmstmögliche Wendung ist nicht voraussehbar. Sie tritt durch Zufall ein (Pkt. 2, 4). Die Geschichte, die DÜRRENMATT zu Ende gedacht hat, ist die Geschichte der modernen Menschheit. Die Geschichte von den Physikern, die erkennen, dass ihre Erkenntnisse tödlich sind, die zu retten bereit sind durch Zurücknahme und die Sinnlosigkeit, Zufälligkeit, Belanglosigkeit ihres Tuns erfahren müssen. Diese Geschichte ist zwar grotesk, aber nicht absurd (sinnwidrig) (Pkt. 10). Sie ist paradox (Pkt. 11), aber möglich. Deshalb geht sie alle

Menschen an (Pkt. 16). Damit steht der Autor in derselben Verantwortung wie die Physiker.

> [...] gerade dadurch, daß das Theater Theater ist und nicht anderes, scheinbar das Unverbindlichste, wird es etwas Verbindliches, ein Gegenüber, ein Objektives, ein Maßstab, denn es vermag nur an das Gewissen der Menschen zu appellieren, wenn es dies aus seiner Freiheit heraus tut; das heißt unwillkürlich. In der unwillkürlichen Moralität des Theaters liegt seine Moral [...] (Th., 73)

Mit seinem Schauspiel enthüllt Dürrenmatt, was geschehen kann, und appelliert damit an das Gewissen der Menschen. **Die Dramatik kann den Zuschauer überlisten, sich der Wirklichkeit auszusetzen** (Pkt. 21), zu erkennen, dass in der ungeheuerlichsten Wahrheit tödliche Zukunftsrealität steckt. Zwar kann der Dramatiker die Zuschauer **nicht zwingen, ihr standzuhalten oder sie gar zu bewältigen** (Pkt. 21), doch er regt zur Selbstbesinnung an, zur Verantwortung aller Menschen. In der im Stück immanenten Erweiterung der Probleme des Naturwissenschaftlers zu einem allgemeinen politischen Verantwortungsbewusstsein liegt die letzte Steigerung der Demonstration. Die Auswirkungen des modernen Fortschritts gehen alle Menschen an: **Was alle angeht, können nur alle lösen** (Pkt. 17).

3.2 Leben als Abenteuer

Die Eiseskälte eines gnadenlosen Untergangs, der in der Verwirklichung der menschlichen Erkenntnisse eine durchaus reale Möglichkeit beinhaltet, weht aus dem **Psalm Salomos, den Weltraumfahrern zu singen.**

Es ist ein verzweiflungsvoller Fluchgesang, den Möbius, im umgekehrten runden Tisch sitzend, hinausschreit. Dieser umgekehrte Tisch könnte das erbärmliche Thronsymbol sein für den ehemals großen, goldenen König Salomo, der **nackt und stinkend** (40) in Möbius' Zimmer kauert, jetzt ein **armer König der Wahrheit** (40). Dieser andere König Salomo darf sicherlich als Symbol gedeutet werden für **die Wissenschaftler, die von Tragik umwitterten Könige unserer Zeit.**[27] Aus dem Glanz, mit dem die bürgerliche Gesellschaft sie umgab, sind sie in das Zwielicht geraten. Das Dilemma der Naturwissenschaftler zwischen Macht, Wissen und Gewissen ist unlösbar geworden. Was wie Gewissenskampf oder gar wie Selbstopfer aussieht, wird in seiner Wirkungslosigkeit enthüllt.

Gesellschaftspolitisch erscheinen sie in der ausweglosen Situation entweder ihr Werk aufgeben oder sich immer weiter von der Menschheit entfernen zu müssen: von der atmenden Erde zur Uferlosigkeit des toten Weltalls (vgl. 41, 2/3. Zeile). Was in diesem abenteuerlichen Erkenntnisfortgang erforscht wird, ist für den Menschen unnütz, schädlich, tödlich (vgl. 41, 4.–27. Zeile). Dieser von der Erde und ihrem Planetensystem gelöste

Mensch wird orientierungslos, von außerirdischen Kräften bestimmt (vgl. 41, 23/24. Zeile). Was er als Ziel sich setzte, die Gleichstellung mit dem Absoluten, mit der ewigen Wahrheit, wird er nie erreichen (vgl. 41, 26.–28. Zeile). Von der Ausgangssituation des menschlichen Erkenntnistriebes, der irdischen Natur, hat sich dieser forschende Mensch unter der Herrschaft der Vernunft immer weiter entfernt. Über dem Erkenntnisvermögen des Verstandes und seiner technischen Leistungen vergaß er die Erkenntnis durch den Glauben und das Gefühl (Th., 207). Der Aussagebogen spannt sich von hier zum Epilog von Möbius: Aber meine Weisheit zerstörte meine Gottesfurcht, und als ich Gott nicht mehr fürchtete, zerstörte meine Weisheit meinen Reichtum [...] Diese Entwicklung der Wissenschaft verdrängt die jahrtausendealte menschliche Orientierungsmarke. Der *Homo sapiens* verliert sich in den Tiefen dieses Alls, in den immer wesensfremderen Zielen, dem Menschlichen, der lebendigen Erde entfremdet, denaturiert (vgl. 41, 13.–20. Zeile).[28] Das Bild der menschlichen Selbstzerstörung durch die Naturwissenschaften bedeutet letztlich auch die Rücknahme der belebten Schöpfung durch den mit der absoluten Wahrheit (Weltformel, System aller möglichen Erfindungen) ausgestatteten Menschen: Nun sind die Städte tot, [...] mein Reich leer, das mir anvertraut worden war, eine blauschimmernde Wüste [...] (Epilog), während der zum Zeitpunkt des Psalms noch hoffende Möbius wenigstens an eine atmende Erde glaubte. Die dramatische und thematische Aufgipfelung wird in diesem Spannungsbogen artikuliert.

Wenn wir den direkten Bezug auf König Salomo und seine Bedeutung unmittelbar vor dem Psalm außer Acht lassen, so wird die Aussage noch bedrängender. Der umgekehrte Tisch mag dann das zerbrechliche Weltraumgefährt Ganymed, Möbius den Menschen schlechthin symbolisieren. Diese Weltraumfahrt wird jetzt zum Alptraum des Aufbruches der Menschheit ins Grenzenlose, wie er als Verlockung und Gefährdung vor unserer Zukunft steht.[29] (Vgl. DÜRRENMATTS Zeichnung ›Weltraum-Psalm‹, S. 110.)

In DÜRRENMATTS Komödien bedeutet das Groteske die Verfremdung der anscheinend wohl geordneten Kategorien unserer Welt. In dieser Entfremdung erscheint der Mensch und seine Realität in Disharmonie. Gestalt und Ausdruck als sinnlicher Ausdruck der Harmonie verlieren sich zur Gestaltlosigkeit und Desorientierung. Der Mensch, der Absolutes zu setzen oder zu erreichen versucht, rückt in dieser grotesken Beleuchtung in eine seltsam larvenhafte Erstarrung. Was als großartiges menschliches Unterfangen begann, offenbart sich in seiner Hinfälligkeit; der Versuch, die unbegrenzte Weite des Weltalls zu erobern, entlarvt die Begrenztheit. Dieser Mensch des hybriden Tuns wird eingeholt, scheitert an der Absolutheit seines Unternehmens. Die Konfrontation mit dem Tod, mit dem wahrhaft

Absoluten für jedes menschliche Wesen, bedeutet nicht mehr Erlösung, Ruhe. Sein Raumflug-Gerät unterwirft sich anderen Gesetzen, wird zum Mittel, wodurch dieser Mensch das Menschliche, sein Leben verliert. Das Lebendige wird ausgetrieben, was bleibt, ist die Maske, die Mumie des Menschen, die in ihrem Gefährt ruhelos in den kosmischen Grund hinaustreibt, zwar den absoluten Zielen zu, aber nicht mehr als atmender Mensch mit beseeltem Gesicht, sondern als Unmensch, als Fratze.

Die Selbstentfremdung von der **atmenden Erde** (42) führt dann in letzter Konsequenz zur Sinnentleerung dieser Erde, ihres Reichtums und ihrer Schönheit (vgl. das Schlusswort des Möbius/Salomo, 87). Ob die Zerstörung der Erde durch einen Kurzschluss bei der technischen Verwirklichung der Erkenntnisse (**radioaktive Erde,** 87) aktuell geschieht oder ob ihr Reichtum durch den abstrahierenden Verstand zu ausnutzbarer Materie wird (19 und 22) und diese Erde so der Vernichtung anheim fällt, bedeutet von der Geschichte her gesehen nur einen graduellen Unterschied.[30]

In DÜRRENMATTS fragmentarischer Komödie *EIN ENGEL KOMMT NACH BABYLON* (1953, bzw. 1957)[31] besingt der Engel in einer hymnischen Form gerade diese Schönheit und Fülle der Erde, die der Autor 1962 in den *PHYSIKERN* durch den gefährlichen Erkenntnisfortschritt des menschlichen Verstandes so bedroht sieht.

Ein Engel bringt als Gnadengeschenk Gottes dem geringsten der Menschen ein von Gott aus dem Nichts geschaffenes Mädchen, Kurrubi. Durch verschiedene Umstände erhält sie der Bettler Akki. Dessen Leben ist durch ein Bettelverbot von König Nebukadnezar, dem er sich widersetzt, bedroht, aber auch durch Kurrubi selbst. Alle, die sie sehen, beginnen sie zu lieben. Während eines tumultuarischen Geschehens, in dem die verschiedenen Bewerber Kurrubi für sich gewinnen wollen und sich gegen Akki wenden, erscheint der Engel wieder und singt von der Schönheit der Erde. Es ist ein zusätzlicher Reiz, wenn man diese Lobpreisung dem düsteren Bild in den *PHYSIKERN* entgegenhält: Auch dieser Engel ist ein Physiker. Seine Spezialität sind jedoch Sonnen. Hauptsächlich rote Riesen (*ENGEL,* 28). Bei dieser ersten Erkundung der Erde ist er so gebannt von den entdeckten Schönheiten unserer Welt, dass er darüber den erregten Auflauf der Menschen, der Kurrubi gefährdet, übersieht.

DER ENGEL: Die Erde, mein Kind, welch lieblicher Fund, ich bin begeistert, beglückt. Erstaunen durchzittert mich, Wunder um Wunder durchglüht mich, Erkenntnis Gottes durchbebt mich. Ich kann nicht aufhören, zu studieren und zu untersuchen. Aufgeregt flattere ich hin und her, preisend, sammelnd, notierend, Tag und Nacht forsche ich, unablässig, unermüdlich. Und dabei bin ich noch nicht einmal in die Meere getaucht, in diese Wasser ringsumher. Ich kenne nur die mittleren Regionen und den Nordpol. Sieh, was ich dort gefunden habe: Gefrorenen Tau. (*Er zeigt einen Eiszapfen.*) Als Sonnenforscher habe ich nie auch nur annähernd etwas so Köstliches gefunden.

KURRUBI: Der Bettler aus Ninive hat mich verlassen, mein Engel. Ich liebe ihn, und er hat mich verlassen.

DER ENGEL: Verwirrung, mein Kind, nichts als Verwirrung. Nur Geduld, und er kommt wieder. Die Schönheit der Erde ist so über allem Maß, daß man ein wenig verwirrt wird dabei. Das ist natürlich. Wer könnte auch dieses zarte Blau über den Dingen ohne weiteres ertragen, den rötlichen Sand und das Silber des Bachs. Wer betet da nicht, wer erschauert da nicht. Und erst die Pflanzen und Tiere! Das Weiß der Lilie, der gelbe Löwe, die braune Gazelle. Sogar die Menschen sind verschieden gefärbt. Sieh nur dieses Wunder. (*Er zeigt auf eine Sonnenblume:*) Kommt so etwas auf dem Aldebaran vor, auf dem Kanopus, auf dem Ataïr? (*ENGEL*, 48/49)

KURRUBI: Neue Erkenntnisse gehen mir auf.
Über blaue Meere, Wälder,
Über Kontinente, Hügel,
Silberhell durch Wolkenfelder
Schweb ich, gleit ich, wie geblendet,
Hin mit sanft gespanntem Flügel,
Ganz der Erde zugewendet.

AKKI (*müde*): Jetzt fängt auch *er* an zu dichten.

DER ENGEL: Seh zu Blume, Tier, gestaltet,
Was in Sternen formlos waltet.
Feuertrunken der Gesichte,
Sinke, steige ich im Lichte. (*ENGEL*, 50)

DER ENGEL: Alles, was ich fand auf diesem Stern, war Gnade, und nichts anderes:
Ein unwirkliches Wunder in den erhabenen Wüsteneien der Gestirne.
Der blaue Sirius, die weiße Wega, die tosenden Cepheiden in der Nachtschwärze des Alls –
so abenteuerlich auch ihre Leiber und die Kraft,
mit der ihre Nüstern Lichtgarben in den Raum fegen, weltenweite Blasbälge,
nie wiegen sie dieses Körnchen Materie auf, diese winzige Kugel,
an ihre Sonne gebunden, umkreist von einem kleinen Mond, gebettet in Äther,
atmend im Grün der Kontinente, im Silber der Meere
[…]

DER ENGEL: So entschwebe ich denn, so entschwinde ich nun,
beladen mit bunten Steinen, behängt mit Wundern.

Mit Seestern, Moos und Tintenfisch,
umsummt von Kolibris,
in den Händen
Sonnenblumen, Malven und die Ähren des Korns,
eiszapfenklirrend,
Korallen im Haar, Schlehdorn und Schneckenhaus,
die Füße rot von Sand, Tau im Saume des Kleids.
Schwankend unter all dieser Gnade, unter all diesem Gewicht
wie ein Betrunkener mit schwer flatternden Flügeln.
So entschwinde ich, so entschwebe ich,
dich Glückliche zurücklassend auf der Erde.
So gehe ich ein in meine Sonnen,
in das milchige Weiß des Andromedanebels in dämmerhafter
Ferne.
So tauche ich zurück in das dunkle Feuer des Antares.
(ENGEL, 88/89)

Sicher darf dieser Hymnus nicht eindeutig gelesen werden. Auffallend jedoch ist die völlige Umkehrung beim Weltraumfahrerpsalm. Hier entdeckt der außerirdische Weltraumfahrer die unergründliche Vielfalt der irdischen Erscheinungsformen des Lebendigen, die dem Kenner des toten Alls wie Wunder erscheinen. Die Rückkehr in den Weltraum, also gerade der menschliche Wunschtraum, wird dem Engel zum bedrückenden Ereignis, denn in der irdischen Natur, das ist seine neu gewonnene Erkenntnis, hat Gestaltung gefunden, **was in den Sternen formlos waltet** (ENGEL, 50). Die Erde also als Krönung der Schöpfung, voller Gnade (ENGEL, 88), die Menschen beglückend (ENGEL, 89), ein Paradies.

Wie oft bei DÜRRENMATT schwingt auch hier der ironisch-parodistische Unterton mit, selbst in diesem babylonischen Märchenspiel. Gerade deswegen kann dieses Stück mit den PHYSIKERN in Verbindung gebracht werden. Denn, wie leben die Menschen auf diesem beglückenden **Körnchen Materie** (ENGEL, 88)?

Die Hauptfigur, der Bettler Akki, erscheint geradezu als Antipode des Möbius. Mit Leidenschaft und Geschick entzieht sich dieser **geringste der Menschen** (ENGEL, 9) dem Zugriff der Mächtigen. **Wie wenig verstehst Du von den Bettlern? Geheime Lehrer sind wir, Erzieher der Völker. Wir gehen in Fetzen, der Erbärmlichkeit des Menschen zuliebe, gehorchen keinem Gesetz, die Freiheit zu verherrlichen** (ENGEL, 27). Ihm fällt auch zum Schluss das Gnadengeschenk Gottes, das Mädchen Kurrubi, endgültig zu. Vielleicht gerade ihm, der diese Welt in ihrer Unvollkommenheit, aber auch in ihrer Vielfalt und Einmaligkeit erkennt und sie so zu sehen lehrt: **Und ich liebe eine Erde, die es immer noch gibt, eine Erde der Bettler, einmalig an**

Glück und einmalig an Gefahr, bunt und wild, an Möglichkeiten wunderbar, eine Erde, die ich immer aufs neue bezwinge, toll von ihrer Schönheit, verliebt in ihr Bild, von Macht bedroht und unbesiegt. (*ENGEL*, 90 f.)

Seinem Gegenspieler Nebukadnezar, der nach dem Besitz von Kurrubi verlangt, entgleitet sie durch eigene Schuld: **Ich verriet das Mädchen um meiner Macht willen,** [...] **Wohlan denn. Ist der Himmel so hoch, daß meine Flüche ihn nicht erreichen? Ist er so weit, daß ich ihn nicht hassen kann? Mächtiger denn mein Wille? Erhabener denn mein Geist? Trotziger denn mein Mut?** Ich will die Menschheit in einen Pferch zusammentreiben und in ihrer Mitte einen Turm errichten, der die Wolken durchfährt, durchmessend die Unendlichkeit, mitten in das Herz meines Feindes. Ich will der *Schöpfung aus dem Nichts* die *Schöpfung aus dem Geist des Menschen*[32] entgegenstellen und sehen, was besser ist: Meine Gerechtigkeit oder die Ungerechtigkeit Gottes. (*ENGEL*, 98 f.)[33]

Von dieser Position aus sind *DIE PHYSIKER* eine bestürzende, aber logische Fortsetzung hin zum absolut gewordenen Verstand. Wie sehr erinnern diese abenteuerlichen Worte des Nebukadnezar an die Sprache der Irrenärztin von Zahnd, als sie im Besitz der Erkenntnisse des Möbius ist und als Visionärin ihrer Salomovorstellung spricht. Auch eines der Grundthemen dieses Stücks: Die Macht und Ohnmacht des Menschen, hier mit leichterer Hand und in farbiger Buntheit gestaltet, finden wir bedrängend und ausweglos in den *PHYSIKERN* wieder. In verschiedener Ausgangsposition und mit anderem Resultat sehen wir in beiden Stücken Menschen, die zwar die Handlung verschiedener Geschichten gestalten, aber das dürrenmattsche Grundproblem darstellen: zu bestehen in einer rätselhaften Welt. Die Spannweite reicht vom Naturwissenschaftler Möbius, der das Verhängnis in dieser Welt nicht aufhalten und sich aus ihm nicht lösen kann, weil er zu sehr Teil dieses Verhängnisses ist, bis zum Bettler Akki, der bewusst ein einfaches Leben (vgl. *PHYSIKER*, 77) losgelöst von allen Versuchen des Geistes und der Macht führt. Aber auch sein Urlaub von der aktiven Teilnahme an der Geschichte endet in der Flucht, die DÜRRENMATT, zumindest in den *THEATERSCHRIFTEN*, für illusorisch hält (Th., 292).

Eine Spiegelung unserer Welt im Dramatischen (Th., 15) versucht DÜRRENMATT zu geben. Dabei sieht er den **Wert der Kunst nicht in ihrem Ziel, sondern stets im Wagnis** [...]: **Im Weg, nicht im Ausgangspunkt oder in der Ankunft** (Th., 42). Er sieht in der Kunst Welteroberung, weil **Darstellen ein Erobern ist und nicht ein Abbilden, ein Überwinden von Distanzen durch die Phantasie** (Th., 42). Diese Daseinseroberung reicht bei DÜRRENMATT von dem Lobgesang auf die Schönheit und den Reichtum unserer Welt, gesehen mit den Augen eines Außerirdischen, bis zur Vision des Untergangs des Menschen beim Griff nach den Sternen. Nirgends ist eine Lösung, denn die Welt ist als Problem beinahe und als Konflikt überhaupt nicht zu lösen, meint DÜRRENMATT. Sein Weltbild verharrt im Konflikt, setzt den Menschen dem Konflikt aus (Th., 15). **Denn nur dann ist unser Dasein eine Gnade oder ein Fluch und nicht bloß eine mechanische Existenz, wenn wir in ihm die Welt in jedem Augenblick gewinnen oder verlieren können** (Th., 42). Der Mensch ist für DÜRRENMATT ständig unterwegs, ständig im Abenteuer, weil er Mensch ist und nicht Marionette (Th., 180). Während er auf dem Weg ist, umgibt ihn diese Welt der Konflikte, der widerstreitenden Einsichten (Th., 207), Motive, Zielsetzungen, eine Welt der Verwirrung.

Die Kunst soll nicht Distanzen überwinden durch die Fantasie, so sagt DÜRRENMATT. Mit einer Betrachtung der Würdigung des menschlichen Tuns in dem Chorlied (332–375) von Sophokles' *ANTIGONE* soll zum Abschluss die Zeitdistanz zur frühen Zeit der Gestaltung menschlicher Konflikte überwunden werden. Schon ein unreflektierter Vergleich mit dem **Psalm Salomos, den Weltraumfahrern zu singen,** vergegenwärtigt, wie groß die Distanz geworden ist zu der Zuversicht der richtigen Weltbewältigung.[34]

In diesem Chorlied ist das Ziel alles menschlichen Handelns auf das Heil des Menschen ausgerichtet. Der Erfolg aller Mühe, allen Strebens liegt im Heimischwerden auf der Erde. Der Mensch, wie er im Chorlied vor uns hingestellt wird, meistert die Aufgaben, die ihm das Zusammenleben auf der Erde bringt, zum eigenen und zum Wohle aller. Seine Stärke ist die nüchterne Beschränkung, die das Unheil, die Gefährdung des Menschen in seiner Entgrenzung, im Absolutsetzen seiner Ziele sieht.

CHOR: Ungeheuer ist viel und nichts
    Ungeheurer als der Mensch.
    Er überschreitet auch das graue Meer
    im Notossturm
    Unter tosenden Wogen hindurch.
    Erde, der Götter höchste,
    Die Unerschöpfliche, Unermüdliche,
    Bedrängt sein Pflug. Auf und ab
    Ackern die Rosse ihm
    Jahr um Jahr.

    Leichtgesinnter Vögel Volk
    Fängt er im Garn,
    Wilder Tiere Geschlechter
    Und Kinder des Meers
    In verschlungenem Netzgeflecht,
    Der kluge Mensch.

Mit List bezwingt er,
Was haust auf Höhen
Und schweift im Freien.
Dem Pferd mit der mächtigen Mähne,
Dem unbändigen Bergstier
Zähmt er den Nacken
Unter das Joch.

Und die Sprache
und luftgewirkte Gedanken
Lehrte er sich
Und den Trieb zum Staat
Und Obdach
Gegen ungastlichen Reif vom Himmel
Und Regengeschosse,
Allberaten.
Ratlos tritt er
Vor nichts, was kommt,
Nur dem Tod entrinnt er nicht.
Aber aus heillosen Leiden
Ersann er sich Rettung.

Mit der Erfindung Kunst
Reich über Hoffen begabt,
Treibt's zum Bösen ihn bald
Und bald zum Guten.
Ehrend des Landes Gesetz
Und der Götter beschworenes Recht
Ist er groß im Volk.
Doch nichts im Volk,
Wer sich dem Unrecht gab
Vermessenen Sinns.
Nie sei Gast meines Herdes,
Nie meines Herzens Freund,
Wer solches beginnt.

3.3 Dürrenmatt und die Komödie

DÜRRENMATT schreibt Komödien. Sie scheinen ihm die der Zeit gemäße
Gattungsform. **Wer so aus dem letzten Loch pfeift, wie wir alle, kann nur
noch Komödien verstehen.**[35] **Die falsche Weihe, die allzugroße Mission, der
tierische Ernst, schaden auch der Bühne. Wir haben offenbar in Dingen der
Kunst bescheidener zu werden, aus dem Tiefsinn aufzutauchen.** (Th., 72)
Wie früher schon dargelegt, kommt es DÜRRENMATT in seinem Werk auf die
Gegenwart an, auf das persönliche Bestehen dieser Welt. Dazu braucht er die
Distanz und gleichzeitig die Möglichkeit der Verkürzung der Perspektiven
nur auf die Diesseitigkeit. Beides bietet ihm die Komödie. Sie gibt noch ein

Drittes: Auch neigt ja unsere Zeit vielleicht etwas dazu, die Komödie und das Komödiantische als zweitrangig zu betrachten. Logischerweise, verwandelt doch der Komödienschreiber eine Welt, in der einem das Lachen vergeht, in eine Bühnenwelt, über die er lacht – oft allein. So mag denn das Komödiantische notgedrungen als suspekt erscheinen, der Situation nicht gewachsen. Doch ist dies vielleicht eine Täuschung. Nur das Komödiantische ist heute noch der Situation gewachsen. Wer verzweifelt, verliert den Kopf; wer Komödien schreibt, braucht ihn. (Th., 72)

Die Komödie gewährt DÜRRENMATT den paradoxen Effekt, dass das Zweitrangige recht eigentlich mit der Realität, das Lachen mit der Ernsthaftigkeit konfrontiert wird ohne falsches Pathos. Die Sprache der Freiheit in unserer Zeit ist der Humor, denn diese Sprache setzt eine Überlegenheit voraus auch da, wo der Mensch, der sie spricht, unterlegen ist. (Th., 72) Aus dem Unverbindlichen des Theaterspiels wird durch die Komödie, wie DÜRRENMATT sie gestaltet, etwas Verbindliches, ein Maßstab, durch den er an das Gewissen der Menschen zu appellieren vermag.

Wenn DÜRRENMATT ein Theaterstück schreibt, so setzt er sich von vornherein ab gegen die Feierlichkeit des Theaters, gegen das Theater als moralische Anstalt. Die Tragödie, als die gestrengste Kunstgattung, setzt eine gestaltete Welt voraus [...] Doch die Aufgabe der Kunst, soweit sie überhaupt eine Aufgabe haben kann, [...] ist Gestalt, Konkretes zu schaffen. Dies vermag vor allem die Komödie. (Th., 120) Sie setzt – sofern sie nicht Gesellschaftskomödie ist wie bei Molière – eine ungestaltete, im Werden, im Umsturz begriffene, eine Welt, die am Zusammenpacken ist, wie die unsrige (Th., 120), voraus.

> Die Tragödie überwindet die Distanz. Die in grauer Vorzeit liegenden Mythen macht sie den Athenern zur Gegenwart. Die Komödie schafft Distanz, den Versuch der Athener, in Sizilien Fuß zu fassen, verwandelt sie in das Unternehmen der Vögel, ihr Reich zu errichten, vor dem Götter und Menschen kapitulieren müssen [...] Das Mittel nun, mit dem die Komödie Distanz schafft, ist der Einfall. Die Tragödie ist ohne Einfall. Darum gibt es auch wenige Tragödien, deren Stoff erfunden ist [...] Aristophanes dagegen lebt vom Einfall. Seine Stoffe sind nicht Mythen, sondern erfundene Handlungen, die sich nicht in der Vergangenheit, sondern in der Gegenwart abspielen. Sie fallen in die Welt wie Geschosse, die, indem sie einen Trichter aufwerfen, die Gegenwart ins Komische, aber dadurch auch ins Sichtbare verwandeln. (Th., 121 f.)

Die Welt kann nicht gerettet werden, meint der riesige Jude in DER VERDACHT.[36] So sollen wir die Welt nicht zu retten suchen, sondern zu bestehen, das einzig wahrhafte Abenteuer, das uns in dieser späten Zeit noch bleibt. (153) Das Bestehen der Welt im kleinen Wirkungskreis ist das große, immer wieder auftauchende Problem in DÜRRENMATTS Werken.

Dazu ist der große Held nicht geschaffen, es ist die Arbeit eines Sisyphos oder – der konkreten, wirklichen Menschen, wie sie in der Komödie Gestalt finden. Nicht mehr Charaktere werden gestaltet, dazu fehlen die feststehenden Relationen zu einer allgemein gültigen gesellschaftlichen Ebene des Zuschauers; es werden einfach Handelnde durch Handlung dargestellt. **Die Tragödie setzt Schuld, Not, Maß, Übersicht, Verantwortung voraus. In der Wurstelei unseres Jahrhunderts, in diesem Kehraus der weißen Rasse, gibt es keine Schuldigen und auch keine Verantwortlichen mehr [...] Wir sind zu kollektiv gebettet [...]** (Th., 122) Unsere Zeit der Anonymität, in der es wirklich ohne jeden geht (Th., 122), duldet nicht mehr die große heroische oder tragische Existenz. Auch den Untergang wird heute nicht mehr der Schimmer einer neu aufziehenden ethischen Ordnung verklären können. Dazu ist die moderne Form menschlicher Existenz zu epigonenhaft, zu sehr machtloses Opfer der Weltmächtigen. **Schuld gibt es nur noch als persönliche Leistung, als religiöse Tat.** (Th., 122) Der Einzelne, ausgesetzt in eine geschichtslose Welt, kann ihr kein Gesicht mehr geben, er kann also nur versuchen diese Welt zu bestehen.

In diesem Bereich menschlicher Bewährung, meint Dürrenmatt, **ist das Tragische immer noch möglich, auch wenn die reine Tragödie nicht mehr möglich ist.** (Th., 122) Der schreckliche Moment des Tragischen in Dürrenmatts Komödien (Th., 123) ist es, vor dem ein mutiger Mensch nicht verzweifelt, sondern, auf die Vernunft und das Gute im anderen hoffend, das Seine tut, nicht als Weltveränderer, nicht als flammendes Fanal. Dieser Mensch in der Komödie Dürrenmatts ist kein Held, eher ein besonnener Handwerker, der sich der Welt stellt, weil er sie ernst nimmt, wie er sich seinem Material stellt, das er zu bearbeiten hat. Größe und Tragik dieser Menschen fließen aus ihrem Verantwortungsgefühl. Ihr Gefühl der Mitverantwortung für alles, was lebt und was in der Welt wird, gibt ihnen die Kraft mitzuarbeiten für das Schicksal dieser Welt, dort, wo sie der Zufall eingesetzt hat, ihren Stein zum Bau der Welt beizutragen, auch wenn er sich als nutzlos oder sinnlos erweisen sollte.

Nun liegt der Schluß nahe, die Komödie sei der Ausdruck der Verzweiflung, doch ist dieser Schluß nicht zwingend. Gewiß, wer das Sinnlose, das Hoffnungslose dieser Welt sieht, kann verzweifeln, doch ist diese Verzweiflung nicht eine Folge dieser Welt, sondern eine Antwort, die er auf diese Welt gibt, und eine andere Antwort wäre sein Nichtverzweifeln, sein Entschluß etwa, die Welt zu bestehen [...] Es ist immer noch möglich, den mutigen Menschen zu zeigen [...] Die verlorene Weltordnung wird in [seiner] Brust wieder hergestellt. (Th., 123) Dürrenmatts Hauptanliegen ist es demnach also, die Welt in der Besonderheit zu zeigen, wie sie sich vor dem gewöhnlichen Menschen auftürmt. **Das Allgemeine entgeht meinem Zugriff [...] Die Welt** [...] **steht für mich als ein Ungeheures da, als ein Rätsel an Unheil, das hingenommen werden muß, vor dem es jedoch kein Kapitulieren geben darf.** Die Welt ist größer denn der Mensch, zwangsläufig nimmt sie so bedrohliche Züge an, die von einem Punkt außerhalb nicht bedrohlich wären, doch habe ich kein Recht [...] mich außerhalb zu stellen. Trost in der Dichtung ist oft nur allzu billig [...] (Th., 123)

Dazu braucht DÜRRENMATT die Komödie, wie er sie sich geschaffen hat; die schwankhafte Gattung, in der das Unmittelbare durch besondere Gestaltungsmittel Distanz erhält und so erst künstlerisch möglich wird. Sie hat, wie die alte attische Komödie, **den zentralen, gewaltigen Einfall, diese Kraft, die Welt in eine Komödie zu verwandeln** (Th., 133), in die das Publikum wie in **eine Mausefalle** immer wieder gerät. **Durch den Einfall, durch die Komödie wird das anonyme Publikum als Publikum erst möglich** [...] **Der Einfall verwandelt die Menge der Theaterbesucher besonders leicht in eine Masse, die nun angegriffen, verführt, überlistet werden kann, sich Dinge anzuhören, die sie sich sonst nicht so leicht anhören würde** [...] **Die Tragödie dagegen setzt eine Gemeinschaft voraus, die heute nicht immer ohne Peinlichkeit als vorhanden fingiert werden kann.** (Th., 124) Diese Komödie schildert nicht die Gesellschaft, ihre bestimmten Typen; ihr Mittelpunkt ist die Gesellschaft als politisches, als Weltereignis.

DÜRRENMATTS Komödien werden zu Gleichnissen **der menschlichen Situation** (Th., 135), **weil sie, als Zeitstücke gestaltet, Distanz schaffen wie die Komödien des Aristophanes. Sie wollen nicht Mitleid erwecken, sondern darstellen mit der Grausamkeit der Objektivität** (Th., 137). Sie scheinen für DÜRRENMATT **Ausdruck einer letzten geistigen Freiheit** (Th., 135), weil sie eine Angelegenheit des Witzes und des scharfen Verstandes und nicht des Humors sind. Im Humor lebt Gemütlichkeit. DÜRRENMATTS Komödien wollen unbequem sein, wollen im Komischen das Gefährliche, das Enthüllende, das Fordernde und Moralische erkennen lassen um unserer mit allen Wassern gewaschenen Zeit doch noch beikommen zu können (Th., 128). Sie sind nicht nihilistisches, sondern engagiertes Theater, in dem der Mensch in einer gnadenlosen Welt der Anonymität kämpft um seine Menschlichkeit und damit um seine Freiheit. **Im Lachen manifestiert sich die Freiheit des Menschen, im Weinen seine Notwendigkeit, wir haben heute die Freiheit zu beweisen. Die Tyrannen dieses Planeten werden durch die Werke der Dichter nicht gerührt** [...] **nur eines fürchten sie: ihren Spott.** (Th., 128)

DÜRRENMATTS Komödien sind Spiegel einer in Unordnung geratenen Welt. In ihr ist der Mensch orientierungslos geworden und damit den Mächten um ihn verfallen. In seinen Komödien gestaltet der Moralist aus

Menschlichkeit, Dürrenmatt, mögliche Modelle menschlicher Vernunft, mögliche Ordnungen bis hin zum atomaren Untergang. Sie sind Zeichen und Zeugnisse zugleich. **Wir brauchen [...] eine neue genaue Unterscheidung von dem, was des Kaisers, von dem, was Gottes ist, von jenen Bezirken, in denen Freiheit möglich, und jenen in denen sie unmöglich ist. Die Welt, in der wir leben, ist nicht mehr so sehr in eine Krise der Erkenntnis gekommen, sondern in eine Krise der Verwirklichung ihrer Erkenntnisse.** (Th., 60) Und der Autor Dürrenmatt hofft sicherlich mit seinen Komödien die Voraussetzungen zu schaffen, dass die Gnade der Erneuerung – wenn sie kommt – einen Spiegel in der Welt findet für ihr Licht.

Unterrichtshilfen

1 Didaktische Aspekte

Die Verantwortung der Wissenschaft, besonders des in der Naturwissenschaft und Technik tätigen Forschers, interessiert den bewusst in der Gegenwartsproblematik stehenden jungen Menschen. Im weniger Interessierten kann diese Thematik das Bewusstsein für die Probleme der modernen Welt wecken und die Einsicht in die allgemeine Bedrohung des Menschen und seiner Welt fördern: Die Verantwortung des Wissenschaftlers, aber auch die Einsichtigkeit und das Verantwortungsbewusstsein aller (vgl. Punkt 17), sollte Thema, Grundlage und Bezugspunkt für den Unterricht sowohl in der Sekundarstufe I als auch in der Sekundarstufe II sein.

Die plakative Eindrücklichkeit, mit der in den PHYSIKERN die Wucht der Verantwortung des Forschers in den Grenzzonen moderner Forschungsbereiche wie auch die verschiedenen Formen seiner Verführbarkeit und der Einflussnahme dargestellt werden, gibt dieser Komödie auch heute noch ihren Platz im Theaterrepertoire.

So wie 1962/63, auf dem Höhepunkt der Atomaufrüstung der Supermächte, die PHYSIKER zu dem meistgespielten Stück auf den deutschsprachigen Bühnen wurde, gab es am Anfang der 80er Jahre, als die ›Star-War-Projekte‹ die Menschen verunsicherten, eine ebenso häufige Wiederaufnahme. DÜRRENMATT wurde zu einer Art moralischen Instanz, was sich auch in seinen späteren Essays ausdrückte.

Obwohl es nach seinem Tod 1990 stiller um ihn wurde, erlebte er – nicht von ungefähr – 1996 eine bedeutende Renaissance. Einen Monat lang wurden seine Schauspiele von vielen deutschen und österreichischen Sendern und dem Schweizer Fernsehen gesendet.[37] Denn zur tödlichen Bedrohung durch die Nukleartechnik trat in den 90er Jahren die Gentechnologie mit unabsehbaren Folgen für alles Lebendige. So erhält die Problemstellung in den PHYSIKERN eine neue Aktualität und Dimension. In den Punkten 16–18 zu den PHYSIKERN braucht nur das Wort durch ›Naturwissenschaftliche Forscher‹ ersetzt zu werden. (vgl. Material 5)

DIE PHYSIKER gehören zum festen Theaterrepertoire. Sie sind im Fernsehen immer wieder gesendet worden, sodass das Stück auch durch eine Aufführung oder durch eine Videoaufnahme lebendig gemacht werden kann. Nicht zuletzt wird der Text in den Lehrplänen vieler Länder der Bundesrepublik als Lektüre empfohlen.

Vordergründig sind DIE PHYSIKER einfach strukturiert, sodass sie bereits gegen Ende der Sekundarstufe I gelesen werden können. Die klassischen drei Einheiten sind modellhaft eingehalten und der Einfallsreichtum Dürrenmatts macht die Lektüre unterhaltsam. Der Ort bleibt in beiden Akten derselbe, handelnde Personen wechseln jedoch ihre Identität.

Die Doppelbödigkeit der Handlung verlangt sorgsames Lesen, denn vom Kriminalfall, dem der Zuschauer und Inspektor Voß anfangs gegenüberstehen, gerät die Handlung im 2. Akt ins Paradoxe: Eine planmäßig durchgeführte Entscheidung (Punkt 8) nimmt die schlimmstmögliche Wendung (Punkt 4), indem sie das Gegenteil ihres Zieles erreicht (Punkt 9). Statt die Menschheit zu bewahren wird diese der skrupellosen Irrenärztin ausgeliefert.

Die Arbeit an diesem Text fordert vom Schüler der Sekundarstufe II das Wahrnehmen von Bedingtheiten und Abhängigkeiten der Figuren in einem Geflecht, aus dem sie sich nicht oder kaum lösen können. Diese Zusammenhänge und die wechselseitige Beeinflussung sollten erkannt werden. Diese Lesearbeit verlangt intensives Nach- und Weiterdenken, denn die aktuelle historische Wirklichkeit des Stoffes wird aufgehoben und im Spiel zu einer neuen Realität gestaltet.

Der Kunstcharakter dieser Komödie sollte bewusst gemacht werden durch Strukturierung (Personenkonstellation, Kontrasttechnik, Parallelbau zur Illusionierung und Desillusionierung u. a.). Einfälle und Sprache werden in Literatur umgesetzte Realität. Der Gestaltungsfähigkeit einer schöpferischen Fantasie, verbunden mit eindringlichem Intellekt, gelingt die Thematisierung und Problematisierung eines schwierigen Stoffes unserer Gegenwart zu einem Modell.

Dem Schüler eröffnet sich so in der Auseinandersetzung mit dem Text die Möglichkeit, im Modell vertiefte Einsichten über Gegenwartserfahrungen zu gewinnen oder über seine persönliche Situation und Umwelterfahrung hinaus eine literarische Variante des Umgangs mit solchen Problemen kennen zu lernen.

Die PHYSIKER werden meist in der 10. oder 11. Jahrgangsstufe behandelt. Deshalb ist dafür eine Unterrichtssequenz von 8 Stunden entworfen worden. Im Anschluss an sie werden 5 in sich abgeschlossene Unterrichtseinheiten (›Addita‹) angeboten. Sie sollen der Erweiterung und Vertiefung dienen, wenn das Werk erst in der 12. Jahrgangsstufe behandelt wird. Sie sind so konzipiert, dass sie im Anschluss an die vorausgehende Sequenz oder in der Sequenz selbst eingesetzt werden können. Auch in den Unterrichtsreihen werden weitere Möglichkeiten zu Unterrichtsgestaltung vorgeschlagen. Variation und Faszination des Unterrichts liegen auch in der Aufnahmefähigkeit der Schüler. So zeigte sich, dass in einer 11. Jahrgangsstufe ein anregenderer und interessanterer Unterricht möglich war als in einem LK Deutsch. Erst als zu manchen Unterrichtseinheiten die Schüler des LK Mathe und Physik eingeladen werden konnten, erreichte der Unterricht wieder das lebendige und vertiefte Niveau.

Vor der Textkenntnis sollte eine historische Orientierung stehen. Sie kann durch Schülerreferat oder Lehrervortrag erfolgen. Als Informationsquelle bis 1956 dient Robert Jungks Buch: HELLER ALS 1000 SONNEN. DAS SCHICKSAL DER ATOMFORSCHER. (Reinbek b. Hamburg: Rowohlt 1968, rororo sachbuch 6629). Folgende Entwicklungsphasen sind wichtig:

1. die Zeit, in der die Grundlagen für die Kernspaltung durch wenige Forscher gelegt wurden (1925–1938);
2. die Zeit des Zugriffs durch militärische und technische Nutzung (Atombomben, Kernkraftwerke, seit 1942);

3. die Zeit der Besinnung auf die Gefahren für die Menschheit durch Nuklearwaffen und Nukleartechnologie, seit 1956 (Uraufführung der PHYSIKER Februar 1962);

4. die gegenwärtigen Tendenzen zur Beschränkung der Nukleartechnologie bis hin zum Verbot.

Auf dem Fundament dieser Kenntnis lassen sich nach Abschluss der Lektüre in einem Rundgespräch zwischen Schülern und Fachleuten in wechselseitiger Anregung weiter reichende Konsequenzen für die Zukunft anderer problematischer Forschungsrichtungen denken und diskutieren:

a) Atomwaffen – Abrüstungsbemühungen – Friedenssicherung
b) Problematik der friedlichen Nutzung der Kernenergie
c) Probleme der Forschung in Biotechnik, Gentechnologie, Reproduktionsmedizin u. a.

2 Unterrichtsreihen für die Sekundarstufe I

Es empfiehlt sich, DIE PHYSIKER am Ende von Sekundarstufe I anzusetzen. Die bereits vorhandene Kenntnis anderer dramatischer Texte, etwa MARIA STUART, DER BIBERPELZ, ANDORRA, und die Lektüre eines Kriminalromans bieten gute Voraussetzungen zur Behandlung des Werkes. Besonders die Detektivromane DÜRRENMATTS sind gut geeignet. Sie führen in spannungsreicher Handlung die literarische Tradition Schillers (DER VERBRECHER AUS VERLORENER EHRE) und E. T. A. Hoffmanns fort.

Die Unbedingtheit der Wahrheitssuche, schonungslose Standortbestimmung der Figuren, Doppelbödigkeit der Handlung, das Spiel von Zufall und Aufklärung, die Problematisierung von Kriminalkommissar und allgemeiner Moral und die Einbeziehung des Lesers in den Stoff sind in den PHYSIKERN wieder zu entdecken ebenso wie die analytische Verhörstruktur in entscheidenden Dialogen.

Methodische Zugriffe

Trotz der nachher vorgeschlagenen straff gegliederten Unterrichtseinheit sollte sich der Lehrer in der 10. Klasse auch die Möglichkeit offen halten die Schüler vorrangig selbst das Besprechenswerte festlegen zu lassen. Die vorangegangene Interpretation ermöglicht diese Offenheit, da sie viele Möglichkeiten bereitstellt um Schülervorschläge sinnvoll aufnehmen zu können. Interpretatorische Fähigkeiten und analytische Entdeckungsfreude können gefördert werden, wenn die Schüler mit ihren Leseeindrücken und persönlichen Reaktionen auf einen Text bewusst allein gelassen werden. Nach einer knappen Orientierung und Einordnung in den Unterrichtszusammenhang und der Vorgabe des historischen Kontextes erhalten sie den Gesamttext als Leseaufgabe ohne vorformulierte Leitfragen.

Als gute Hilfe für den einzelnen Schüler und den Unterrichtsfortgang erweist sich ein ›Lesetagebuch‹, das von jedem Schüler unmittelbar während der Lektüre geführt wird. Gliederungspunkte für ein solches Tagebuch sollen nicht die Lesemotivation und Spontaneität der Eintragungen behindern, sondern dem späteren Unterricht Struktur geben. Deshalb wird die Loseblattform für folgende Fragevorschläge empfohlen:

a) Was ist erklärungsbedürftig, frag-würdig für das Textverständnis?
b) Was macht Spaß oder ärgert?
c) Was fällt besonders auf?
d) Welchen persönlichen Gesamteindruck hinterlässt der Text?
e) Welche Probleme, Themen, Fragestellungen behandelt der Text?
f) Was erscheint davon im Unterricht besonders besprechungswürdig?
g) Welche weiterführenden Gedanken, Gesichtspunkte, Themen werden durch die Lektüre angeregt?
h) Welche Personen des Stücks interessieren dich besonders? Schreibe die Gründe dafür auf.
i) Welche Überschriften sind zu einzelnen Szenen denkbar?

In einem lebhaften Schülergespräch werden die Punkte a)–c) weit gehend geklärt werden. Das dann einsetzende Unterrichtsgespräch über die anderen Punkte des Lesetagebuchs gibt den Schülern Raum die weiteren Unterrichtsthemen mitzugestalten. Das Erkennen von Kriterien zur An- und Einordnung von Problem- und Themenkreisen kann zu einer neuen Selbsteinschätzung der Schüler führen und dem Unterricht – und auch dem Lehrer – andere Horizonte eröffnen.

Ziel eines solchen Zugangs am Ende einer 10. Klasse oder in einem Grundkurs ist, zu einer persönlichen, produktiven Auseinandersetzung mit dem Text zu führen und die Trennung zwischen schulischem und privatem Leseverhalten und der daraus resultierenden, oft unreflektierten Leseerfahrung aufzuheben, zumindest bewusst zu machen. Der Schüler lernt, persönliche Wirklichkeitserfahrung beim Lesen zu überdenken und sie mithilfe der Lektüre (vielleicht sogar neu oder anders) zu artikulieren.

Selbstverständlich gewinnt eine so gestaltete Leseaufgabe an Gewicht, wenn die Schüler die handwerkliche Technik des Lesens kennen: a) Markieren der dem Schüler wichtigen Stellen und Aussagen; b) Zuordnungsverweise für Personen; c) Markierung offensichtlicher thematischer Zusammenhänge; d) Beziehungshinweise zu Figuren und charakteristischen Passagen.

Ein anderer, von der analytischen Struktur des Werks her begründeter Zugang kann nach der sonst üblichen Lesevorbereitung durch eine Analyse des **Psalms** gewonnen werden. Der Kontrast, ja grotesk-parodistische Effekt gegenüber der psalm-orientierten Bürgeridyllik Roses ist offenkundig: Dem Loblied wird die Vision des Untergangs, die Hoffnungs- und Orientierungslosigkeit entgegengesetzt.

Folgender Frageverlauf ist für den Unterricht denkbar (vgl. auch S. 60 ff. und S. 78, 3. Stunde):

■ Wodurch kennzeichnet der **Psalm** die Situation des Menschen im Einzelnen?
■ Wie wird der Mensch im **Psalm** geschildert?
■ Was drückt die sprachliche Gestaltung des **Psalms** aus?

- Durch welche menschliche Überzeugung und Entscheidung glaubt Möbius/Salomo noch an eine **atmende Erde?**
- Aus welcher dramatischen Situation erwächst die grauenhafte Vision eines Weltuntergangs im Epilog Möbius/Salomo?
- Welches Bild verbindet sich allgemein mit der biblischen Gestalt des Königs Salomo?
- Wie erscheint er hier und im Epilog?
- Welche Bedeutung hat Salomo in dieser Komödie
  a) für die Entscheidung des Möbius,
  b) für die Entscheidung der Irrenärztin?
- Welche Bedeutung hat der Ausgang der Handlung
  a) für Möbius, b) für die Irrenärztin, c) für den Zuschauer?
- Welches Gestaltungselement führte diesen Ausgang herbei? (Punkt 7, 8, 9)
- Welche Antwort gibt Dürrenmatt auf die Frage nach der Möglichkeit verantwortungsvollen Handelns? (Punkt 17, 18)
- Inwiefern verkörpert sich in der Irrenärztin der Satz: **Im Paradoxen erscheint die Wirklichkeit?** (Punkt 19, 20)
- Welche anderen funktionalen Paradoxien sind im Stück erkennbar?
- (Gesellschaft–Irrenhaus, Pfleger–Wärter, Individualmord–Menschheitsvernichtung, Narrentum–Weisheit)
- Welche Grundparadoxie ist der tragende Einfall für Dürrenmatt?
- (Möbius' Fehleinschätzung individueller Wirkungs- und Handlungsmöglichkeit)
- Welches Bild von Mensch – Wissenschaft – Welt ergibt sich aus dieser Sicht?
- (Punkte 11–18)

Der Versuch eines Einzelnen, den Fortgang der Wissenschaft aufzuhalten, ist gescheitert. Der Einzelne ist ohnmächtig gegenüber der Paradoxie der Wirklichkeit.

Stunden	Thema	Didaktische Aspekte (Inhalte/Ziele)
1.	Die Kernenergie als Beispiel menschlicher Geistes- und Vernichtungskraft	Die Schüler erhalten Einblick in die dramatische historische Entwicklung der Kernforschung, sie erfahren von beispielhaften Schicksalen einiger Atomforscher (u. a. Oppenheimer, Teller). Sie erkennen den Zusammenhang zwischen wissenschaftlicher Forschung, technischer Machbarkeit und ethischer Verantwortung als menschliches Problem.

3 Unterrichtssequenz

Abkürzungen

GA   = Gruppenarbeit
GK   = Grundkurs
HA   = Hausaufgabe
KRef = Kurzreferat
LK   = Leistungskurs
LV   = Lehrervortrag
Mat. = Material

PRO = Produktionsorientierte
      Aufgabenstellung
Ref = Referat
SV = Schülervortrag
TA = Tafelanschrift
UG = Unterrichtsgespräch

(Unterrichtszeit: ca. 8 Wochenstunden – ohne Film – und zweistündige Klausur = 2 1/2 bis 3 Unterrichtswochen)

Methodische Realisierung/ Verlauf	Hausaufgabe
Inhaltsangabe von R. Jungk: *HELLER ALS 1000 SONNEN*; Kurzbiografien von Oppenheimer und Teller als Paradigma. Ref oder LV: Dürrenmatts Faszination bezüglich Stoff und Problematik (vgl. S. 7 ff.) UG: Unmittelbare Äußerungen zur gegenwärtigen Situation. Problembereiche von Wissenschaftsforschung und Menschheitsgefährdung. TA: Die vier Phasen der Kernforschung und Entwicklung; Dürrenmatts Fazit, vgl. S. 10, Punkte 4, 6c, 8, 9	Gruppierung der Berufe im Personenverzeichnis unter dem Gesichtspunkt: Machtausübung – Ohnmacht. Welche Schlüsse für die Handlung könnten allein daraus gezogen werden? Welche Funktion hat die Regieanweisung in einem üblichen Schauspiel? Worin unterscheidet sich die Regieanweisung vor dem 1. Akt davon?

Stunden	Thema	Didaktische Aspekte (Inhalte/Ziele)
2.	Die Untersuchung im **Mordfall** Irene Straub	Die Schüler erkennen die Verrückung normaler Verhaltensweisen als Zeichen der Grenzverwischung von Ordnung und Unordnung, von Realität und Irrealität, vgl. HA. Sie erarbeiten durch die Kontrastwirkung von Aktion und Reaktion der Personen und ihrer Sprache die Auflösung der Normalität unserer Wirklichkeitserfahrung.
3.	Das Familientreffen und Möbius' Fluch	Erkenntnis: Bürgerliche Realität als Flucht in Traditionsgeröll. Einsicht: Möbius muss aus seiner Position heraus diesen idyllischen Schleier zerreißen: das kontrastive Fluchlied
4.	Monika Stettler – Möbius: **Das Dilemma war nur mit der Vorhangkordel zu lösen!**	Einsicht in die ausweglose Zwangslage von Möbius. Untersuchung, wie Sprache und strukturelle Gestaltung die Tat entkriminalisieren und verharmlosen.

Methodische Realisierung/ Verlauf	Hausaufgabe

Weshalb ist normalerweise ein Kommissar Zentralfigur einer Morduntersuchung? Welche Rolle spielt er hier? Warum gerät er in diese Lage? Welche Haltung nehmen die Oberschwester, die Ärztin, Newton ein? Wie wirken diese entlarvenden Dialoge auf den Leser/Zuschauer und welche Folgerungen drängen sich auf?

Orientierung: Wo genau liegen die Marianen? Überlegung: Wie ist eine Übersiedelung dorthin einzuschätzen? Nachschlagen und schriftlich skizzieren: Wer war Salomo? Was ist ein Psalm?

Wie steigert Dürrenmatt diese Szene inhaltlich und sprachlich bis zum Ausbruch von Möbius a) durch Frau Rose, b) durch den Missionar, c) durch die Ärztin, d) durch Möbius? Gehalt und Funktion des Psalms. GA: Wie gestaltet Dürrenmatt konventionelle Gefühligkeit und Oberflächlichkeit? Wo zeigen sich Unehrlichkeit und Verlogenheit? Bestimmen Sie die Bruchstelle des an dieser Welt leidenden Möbius. Warum erfolgt der Ausbruch hier? Zeigen Sie, wie er fast im Detail eine Gegenrealität schildert. Weshalb kann die Situation der Weltraumfahrer auch auf den Menschen heute allgemein übertragen werden? Was drückt die sprachliche Gestaltung des **Psalms** aus? Inwiefern stützt sie auch diese Übertragungsmöglichkeit? Ergebnisse der GA.
UG: Was lässt Salomo/Möbius hoffen, dass wenigstens die **atmende Erde** zurückbleiben könnte? Welches Salomobild entwirft a) Rose, b) Möbius? (Gegenüberstellung im TA) Wofür war Salomo Symbolfigur und wozu wird er bei Möbius?

Weshalb sind die Roseszene und der **Psalm** die Voraussetzung zum Verständnis der Szene: Möbius – Monika Stettler? Skizzieren Sie Ihre Überlegungen schriftlich.

Zusammenstellen der Ergebnisse der HA. Endgültiger Bruch Möbius' mit seiner Vergangenheit und mit der Außenwelt durch Verstärkung seiner vollzogenen Flucht ins Irresein und durch den Hinauswurf der Rosefamilie. Einbruch dieser Außenwelt durch den Heiratswunsch und die beruflichen Vorschläge in diese Fluchtrealität des Irrenhauses. Herausarbeiten der pointierten Gestaltung bis zum Mord als drittem Fluchtversuch Möbius' vor den Ansprüchen der Wirklichkeit und den Folgen seiner Forschergenialität.
Auflistung der Vorschläge von M. Stettler und Vergleich mit dem Rosebild. Herausarbeiten der Stufenfolge von Möbius' Reaktionen. (Ergebnisse = TA)
UG: Warum wirkt diese Szene nicht schreckerregend? Wie und wodurch wirkt sie auf den Leser/Zuschauer? Wie erfolgt die Lenkung der Sympathien zur Entlastung des unheimlichen Geschehens?

Vergleichen, charakterisieren und beurteilen Sie die verschiedenartige Opferbereitschaft von M. Stettler und Möbius. Skizzieren Sie schriftlich, wie Dürrenmatt in den Szenen des 1. Aktes die Normalität des Gewohnten als fragwürdig entlarvt.

Stunden	Thema	Didaktische Aspekte (Inhalte/Ziele)
5.	Die Ärztin – Voß im 2. Akt: **Die Gerechtigkeit macht Ferien!** Der Kriminalinspektor ohne Handlungszwang: Der Lernprozess von Inspektor Voß. **Die Welt als ganze ist in Verwirrung.**	Die kurze Szene zu Beginn des 2. Aktes ist aufschlussreich. Das Verhaltensmuster der beiden Figuren hat sich verändert. Vorausweisende groteske Ironie des Inspektors, beflissene Kooperationsbereitschaft der Ärztin. Vordergründig ein übereinstimmendes, hintergründig ein total scheiterndes Gespräch. Voß, der Repräsentant der Weltordnung, resigniert, die Kooperation der Ärztin ist Tarnung ihres Trusts. Bei Überprüfung der Voraussetzungen und Bedingungen für dieses Gespräch kann erkannt werden, warum es zu einer solchen Kommunikationsstörung bzw. Kommunikationsverhinderung kommen kann. Vom Gespräch ausgehend lassen sich Fragestellungen für den weiteren Verlauf entwickeln. Dürrenmatt bietet zwei Möglichkeiten an, wobei die zweite die erste aufhebt. Lassen sich weitere Möglichkeiten denken? (vgl. Modell Scott, Mat. 1) Parallelen und Verschiedenheit zum 1. Akt. Vergleich der veränderten Verhaltensweisen der beiden Hauptfiguren in der gleichen Situation. Rückschlüsse auf den Charakter und die Ziele der beiden. Erschließen der kausalen Verbindungslinien zwischen den Untersuchungsszenen im 1. und 2. Akt. Zusammenstellen der Komponenten im Vexierspiel zwischen der Ordnung von Außenwelt und Irrenhaus (HA).

Methodische Realisierung/ Verlauf	Hausaufgabe
UG: Welche Auffälligkeiten sind in der Haltung der Ärztin und bei Voß als taktische Ziele, welche als Verhaltensänderung zu erkennen? Wie sind sie zu beurteilen? Warum kann Voß' Verhalten nicht allein aus der Aussichtslosigkeit erklärt werden, **Mörder** im Irrenhaus einem gerechten Urteil zuzuführen? Ref: Inhaltsangabe von Dürrenmatt: *DAS VERSPRECHEN*. Der Hauptaspekt: die Schuld des Handelnden in einer Welt der Verwirrung – die Rolle von Matthäi. (Der Film mit H. Rühmann in der Titelrolle könnte vielleicht auch verfügbar sein.) Vergleich der beiden Kommissare unter der Thematik: **Die Gerechtigkeit strengt mächtig an, man ruiniert sich in ihrem Dienst, gesundheitlich und moralisch** – und: **Kann die Polizei eine verwirrte Welt ordnen?** Nach dem Ref offene Diskussion.	Schildern Sie schriftlich den enthüllenden Inhalt der Szene: Möbius – Newton – Einstein.

Stunden	Thema	Didaktische Aspekte (Inhalte/Ziele)	Methodische Realisierung/ Verlauf
6.	Möbius – Newton – Einstein (die klassische Konfliktlösung: Pkt. 8)	Erkennen der Ausgangsposition von Newton und Einstein. Dieses ist nötig, da für unsere Schüler der ›Kalte Krieg‹ längst Geschichte ist. Darstellung der Figurenkonstellation und Differenzierung der Problemstellung: a.) konkurrierendes Werben um einen genialen Wissenschaftler b.) eindringliches Bewusstmachen von Schuld und Sühnemöglichkeit durch Möbius c.) die klassische aristotelische Katharsis (Reinigung) als ein den Zuschauer der Tragödie mit der Verschuldung des Helden aussöhnender Schluss. Durch sie erreicht Dürrenmatt die Ausgangsposition zur theaterwirksamen Wende in die folgende grotesk-paradoxe Szene als sinnfälliges Bild unserer verworrenen Zeit, in der diese klassischen Begriffe verloren gegangen sind (vgl. Mat. 4, S. 105).	UG: Vertiefende und strukturierende Diskussion der HA. Gestaltung eines Tafelbildes/einer Folie. Ausgangspunkt ist die Personenkonstellation. Auf der einen Seite steht der auf Welt und Wissen verzichtende Möbius, auf der anderen die beiden Agenten und Wissenschaftler, die ihn und sich selbst in die Welt und zur Forschung zurückführen wollen. Im Verfolgen der Szene entsteht zuerst ein Konflikt, dann ein Beziehungsgeflecht. Die gegenseitigen Positionen werden deutlich, die Problemstellung wird erkannt und durch Pfeilzuordnungen im Tafelbild sichtbar. Die beiden Physikeragenten, die Möbius in die Weltwirklichkeit zuerst durch Gewalt, dann durch Verlockung zurückholen wollen, erkennen ihre reale Wirklichkeit, (**Wie sieht nun aber die Wirklichkeit aus?**) (Vgl. S. 73 f.): sie gefährden die

Menschheit und sind Mörder. Das Akzeptieren der Schuld und die freiwillige Übernahme der Sühne schließt sie endgültig aus der Welt aus und für immer in der Irrenanstalt ein. Für die Zuschauer ist dies die klassische Konfliktlösung im Einklang mit den ethischen Normen: im rechten Handeln die Gerechtigkeit der Welt wiederherzustellen.

Wie gestaltet Dürrenmatt in der folgenden Szene: Ärztin – Physiker die Punkte 3, 4, 5, 8, 9 zur Bühnenrealität? Notieren Sie die Zufälle und Gegebenheiten, durch die sich das Irrenhaus zum **Welttrust** wandeln kann.

Die
das Irdische
überhöhende,
normative Kraft: *re-ligio* =
Rückbindung menschlichen
Bewusstseins und Handelns.
Sühne ← Schuld

Mörder

Weltwirklichkeit

Irrenanstalt

Anstoß zur Nachdenklichkeit: Was wird aus den Menschen?

Bewusstmachen der Grundnormen menschlichen Handelns

Einstein: Entscheidung für ein pol. System, dem die Forschung dient.

Werbung
Abwehr
Abwehr
Werbung

Möbius: endgültiger Verzicht auf Welt und Wissenschaft

Newton: Entscheidung für unbegrenzte Forschung: Geld, Ruhm

Anstoß zur Nachdenklichkeit; Was wird aus der Welt?

Irrenanstalt

Industrie

Weltwirklichkeit

Politische Systeme
Irrenhaus
Welt
Verbleiben im
Wirtschaft
Menschheit

Stunden	Thema	Didaktische Aspekte (Inhalte/Ziele)
7.	Frl. Doktor – Möbius – Newton – Einstein – Die schlimmstmögliche Wendung	Dr. von Zahnd als variantenreicher personifizierter Zufall. Die Konsequenz des planmäßigen Vexierspiels: das Irrenhaus als Zentrale der Welt. Weltherrschaft in der Hand einer Verrückten.
8.	Die drei Schlussmonologe	Die Steigerung der Menschheitsgefährdung durch die Ergebnisse wissenschaftlicher Denkprozesse als deutliche Aussage der Monologe. Die Loslösung des wissenschaftlichen Denkens aus der theologisch orientierten Heilsgeschichte im Verlauf wissenschaftlichen Fortschreitens. Die Entwicklungsstufen Newton – Einstein – Möbius als sich steigernde Gefährdung und Zerstörung des Schöpfungsplanes. Wissen ↔ Weisheit; Machbarkeit ↔ Erkenntnis. Apokalyptische Vorschau auf die Zerstörung der belebten Erde durch das mit Vernunft ausgestattete und sich absolut setzende Geschöpf Mensch als Abschlussvision im Möbiusepilog.

Methodische Realisierung/ Verlauf	Hausaufgabe
Die Bedeutung des Szenenwechsels. Aufhebung der klassisch-heroischen Individualethik. Zerstörung der menschlichen Entscheidungsfreiheit durch die totale Manipulation der Mächtigen: **Ihr waret bestimmbar wie Automaten.** Achse: Auch die Manipulierbarkeit des Menschen in seinem Tun wird deutlich. Der Wissensvorsprung einzelner Fachbereiche vermittelt Herrschaftswissen über andere. Vergleich der Mentalität von Möbius und der Ärztin. Das unterschiedliche Salomobild als Verdeutlichung der verschiedenartigen Vorstellungen über Mensch und Weltordnung.	Schreiben einer Charakterstudie von Möbius oder der Ärztin. (Als ›optische Hilfestellung‹: Szenenfoto von Th. Giehse als Dr. von Zahnd. Vgl. Mat. 7, S. 114)
UG: Wie verändert sich die äußere Situation im Vergleich zur vorigen Szene: Atmosphäre, Sprache, Geschehen? Was deutet die Ärztin an mit **Heldentod?** Welche Parallelen und Unterschiede sind zur vorigen Enthüllungsszene feststellbar (vgl. HA)? Wie gestaltet sich die totale Verkennung gegenüber der Vorszene? (Darstellbar am unterschiedlichen Begriff der Verantwortung aus Liebe zur Menschheit) Welche Bedeutung hat in dieser Hinsicht das richtige Bild von Salomo?	

In der HA könnte u. a. als Ausgangsbasis erarbeitet werden: Möbius als der bis zur letzten Konsequenz denkende Mensch, dem es letztlich bei der Erkenntnis der Folgen seiner **Weltformel** schaudert, und Dr. v. Zahnd[38] als der bis zur letzten Konsequenz die wissenschaftlichen Kenntnisse anwendende und ausbeutende Mensch. Ihre Ahnengalerie und die gezielte Anwendung und Vermarktung ihres medizinischen Wissens sind leicht erkennbare Indizien. Die schlimmstmögliche Wendung in dieser Komödie unterscheidet sich dennoch nur graduell von dem sich abzeichnenden Vorgang in der Menschheitsgeschichte: nur im Grad der Sprengkraft der Denkergebnisse. UG: Welche Aussagen von Newton sind bedeutsam? **Ich schrieb** [...] **Ich sagte** [...] **Ich schrieb!** Was lassen diese Aussagen bezogen auf die Entwicklung der Naturwissenschaften erkennen? (Grundlagenforschung – theologischer Kontext) Wie stellt sich Einstein vor? Welche Aufschlüsse gibt der Monolog über seinen Lebensweg? Welcher dominante Faktor erscheint hier im Monolog? Warum stellt sich Möbius nicht als Physiker, sondern als Salomo vor? Welches Bild wird vom einstigen Salomo entworfen? Weshalb hat er sich gewandelt? Welche Folgen hat nach diesem Epilog seine Wandlung? Lesen des **Psalms.** Was erscheint am Ende hier noch als Lichtblick, trotz der Irrfahrt der Raumfahrer von der Erde ins All? Wie erscheint diese **atmende Erde** nun im **Epilog?** Was bedeutet diese apokalyptische Vision zum Schluss für den nachdenklichen Leser/Zuschauer?

4   Addita für die Sekundarstufe II[*]

Additum 1 für Sek. II

Stunden	Thema	Didaktische Aspekte (Inhalte/Ziele)
9.	Gesprächsführung (Dialoge) in den *PHYSIKERN*. Das Entscheidungsgespräch: Möbius – Newton – Einstein	Nachdem auf den Seiten 50 f. dieser Interpretation verschiedene Gesprächsformen benannt und skizziert wurden, soll eine davon detailliert behandelt werden. Eine Gesprächsanalyse kann wichtige Hinweise auf den Charakter der Personen geben, sie kann aber auch Perspektiven zur Interpretation des Dramas liefern. Da auch in der alltäglichen zwischenmenschlichen Kommunikation wenige typische Gesprächsformen vorherrschen, ist es sinnvoll, den Blick der Schüler für Gesprächsabläufe zu schärfen. Sie werden dabei lernen die Bedingungen, Möglichkeiten, Schwierigkeiten des sprachlichen Bezugs zu erkennen, zu überprüfen und – vielleicht – kritisch und selbstkritisch im Alltag anzuwenden. Neben die sprachliche Äußerung tritt im Gespräch, mal enthüllend, mal verschleiernd, der gestische Bereich, also die Haltung, welche die Personen zueinander einnehmen, Tonfall und Mimik, was allerdings nur anhand einer Videoaufnahme verdeutlicht werden kann.

---

[*] Zur Erweiterung und Vertiefung der Thematik folgen 5 in sich geschlossene Unterrichtseinheiten (›Addita‹). Sie können in die Sequenzabfolge eingeschoben (etwa Additum 1 und 2) oder im Anschluss an sie eingesetzt werden. Variabilität für den Lehrer ist vorrangiges Ziel, da er Zeitdauer und Intensität der Textbehandlung bestimmen können sollte.

Methodische Realisierung/ Verlauf	Hausaufgabe
An die vorbereitende Hausaufgabe anknüpfend:	Vorbereitende Hausaufgabe: kurze Inhaltsangabe der Seiten 61–75 und Darstellung der Beziehung zwischen Einstein, Newton, Möbius. HA nach der Stunde: Stellen Sie das scheiternde Verhörgespräch (S. 18–23) in den einzelnen Schritten dar.

1. Die Ausgangslage der drei Personen
2. Voraussetzungen und Konsequenzen, die sie ziehen. Die ungewöhnliche, ichbezogene Gesprächsführung von Newton und Einstein führt fast zum Scheitern des Gesprächs: Revolverduell.
3. Einsicht in die Notwendigkeit eines konventionellen sprachlichen Vorgehens: Kooperation im Sinne der Verführung (Werbung) durch sprachliche Mittel.
4. Möbius, zuerst den Gesprächspartnern unterlegen (Zwang), dann gleichgestellt (Manuskripte verbrannt), bestimmt nun argumentativ die Gesprächsführung durch Widerlegung und Zerlegung der Angebote.
5. Das von Möbius anfangs stark selbstreflexiv geführte Gespräch führt bei den ›Kollegen‹ zu einer Einstellungs- und Verhaltensänderung. Dennoch:
6. Der Verbleib im Irrenhaus erscheint ihnen unzumutbar. Weiterführende inhaltliche Argumente (Mörder) führen zu einem Gesprächsfortschritt und zu einer Ebene gemeinsamer Verständigung.
7. Sie ermöglicht allen drei Personen den Schritt zur Erkenntnis und zur frei akzeptierten Entscheidung, dass ihre Morde das Opfer ihres Verbleibs im Irrenhaus verlangen, um der kleinen Chance willen, dass die Welt eventuell doch noch ›davonkommt‹.
8. Die nahezu parodistisch anmutende ›Opferszene‹ zum Schluss dieses Entscheidungsgesprächs verstärkt das gemeinsame Einverständnis im Opferwillen wegen ihrer Morde und im Willen zum Verzicht wegen der Gefährdung der Menschheit. Sie soll hinüberleiten zum nachfolgenden Enthüllungsgespräch, in dem die ›Helden‹ dieses Opfers buchstäblich vorgeführt werden. Charakteristisch für den Modus der Kommunikation ist hier die absolute Dominanz der Irrenärztin, die keinerlei Verteilung der Sprechchancen zulässt und die Gesprächspartner zu Statisten degradiert.

Stunden	Thema	Didaktische Aspekte (Inhalte/Ziele)
10./ 11.	Umformung einer Szene der *PHYSI-KER* in eine Hörspielfassung	Dürrenmatt war auch Regisseur. Die berühmte Zürcher Aufführung wurde mit ihm erarbeitet. Sie ist stark auf theatralische Effekte hin gestaltet. Eine ganz andere Art der Versinnlichung eines Textes geschieht durch das Hörspiel. Eine solche Umformung erfordert Vorstellungskraft, Fantasie und kreatives, sich auf die akustische Wahrnehmung beschränkendes Gestaltungsvermögen. Schon die Auswahl der Szenen kann vertieftes Textverständnis und Gespür für die Wirkung im anderen Medium erkennen lassen. Deshalb sollte die Wahl begründet werden. Je nach Kurs kann die Produktion auf Band in Einzel- oder Gruppenarbeit erfolgen. Als Leistungsminimum sollte zumindest eine schriftliche Hörspielfassung einer Szene von den Schülern erarbeitet werden. Wichtig ist, dass die Wirkung und die Qualität der Bandproduktion im Plenum besprochen werden. Dabei wird auch deutlich, wie viel mehr Konzentration das Hörspiel verglichen mit Fernsehspielen oder Videoaufzeichnungen von Theateraufführungen erfordert.

Methodische Realisierung/ Verlauf	Hausaufgabe

PRO: Einstieg: Ein Hörfunksender will die *PHYSIKER* als Hörspiel senden. Vor der Auftragserteilung werden einige Regisseure aufgefordert als Probe eine Szene einzureichen. Übernehmen Sie die Aufgabe eines Regisseurs.

UG: Vorbereitende Grundüberlegungen: Der Hörer hat nur Worte, Sätze, Stimmmodulationen und Geräusche zum Aufbau seiner inneren Bühne. Auftritte und Abgänge müssen akustisch markiert werden. Verschiedenartige Charaktere und Emotionen können nur durch Ausdrucksfähigkeit der Stimme, durch Musik oder Geräusche dargestellt werden. Braucht die Hörspielfassung der Szene einen Erzähler? Welche akustischen Vorstellungsmöglichkeiten stehen zur Verfügung: Türklingel, die Geräusche einer Tür, Schritte, Motorengeräusche, Speisegeräusche, Schall, Hall als Raumgefühl etc.

Das Aufnahmevermögen der Hörer ist zeitlich begrenzt. Wie teile ich lange Dialogteile auf? Wie kann für die Zuhörer Spannung erzeugt und erhalten werden? Da keine sichtbare Charakterisierung durch Kleider, Mimik, Gestik, Bewegung möglich ist, ist eine stärkere Typisierung der Personen durch ihre Stimme oder typische Geräusche (z. B. Erregung durch schnelles Auf- und Abgehen) erforderlich.

Grundsatz: Das Auge muss sich schließen, das Ohr wird zum Baumeister einer ganz individuellen inneren Bühne. Gemeinsames Anhören eines Hörspiels oder einer Hörspielszene. (Entleihbar in Kreisbildstellen)

Wählen Sie eine Szene aus den *PHYSIKERN* und begründen Sie Ihre Wahl. Verfassen Sie eine schriftliche Hörspielfassung dieser Szene. Versuchen Sie diese Szene als Hörspiel auf einer Kassette zu gestalten.

Stunden	Thema	Didaktische Aspekte (Inhalte/Ziele)
12.	Denken und Forschen – Lust und Last der menschlichen Rasse. Die Zurücknahme des Wissens. Vergleich: *DIE PHYSIKER* – Brecht, *LEBEN DES GALILEO GALILEI* (Szene 13 u. 14)	Brecht schrieb das *LEBEN DES GALILEI*, nachdem er in den Zeitungen die Nachricht von der Spaltung des Uran-Atoms gelesen hatte. Dürrenmatts Antwort könnten die *PHYSIKER* sein unter dem Eindruck der Atombombe und des nuklearen Wettrüstens nach dem II. Weltkrieg. Die tödliche Bedrohung der Welt durch einen Nuklearkrieg der beiden Weltmächte war damals sehr real. Die Haltung der beiden Protagonisten Galilei und Möbius zu ihren Forschungsergebnissen und deren Veröffentlichung ist interessant, da sie Rückschlüsse auf die Fortsetzung dieser Thematik durch Dürrenmatt erlaubt.

Methodische Realisierung/ Verlauf		Hausaufgabe
Nach den Kurzreferaten beginnt das UG: *Wie gehen Möbius und Galilei mit ihren gefährlichen Forschungsergebnissen um?* (vgl. vorbereitende Hausaufgabe) Der Vergleich wird in einem Tafelbild (alternativ auf der Folie eines Overheadprojektors) festgehalten.		Vorbereitende Hausaufgabe: 1. Zwei Kurzreferate: 1. Biografie von Galilei 2. Inhaltsangabe von B. Brecht: *LEBEN DES GALILEI*: 3. Lektüre der 13./14. Szene (Fotokopien). HA nach der Stunde: Möbius schreibt an seinen Sohn Jörg-Lukas einen Brief, in dem er auf dessen Berufswunsch, Physiker zu werden, eingeht. Schreiben Sie diesen Brief in der Rolle des Möbius'. (PRO)

Möbius	*Galilei*
Eigene Erkenntnis: Die Forschungsergebnisse sind Sprengstoff für die Menschheit	Obrigkeit/Kirche: Galileis Erkenntnisse sind schädlich für das Volk.
Freiwillige Zurücknahme seines Wissens	Androhung der Folter veranlasst ihn zum Widerruf.
Aus Verantwortung wählt er als Refugium seines Denkens die Irrenanstalt.	Unterwerfung und Gefangenschaft ohne pers. Opfer oder Verzicht
Weiterführung seiner Forschung in der scheinbaren Sicherheit der Anstalt	Erlaubnis weiterer Forschungstätigkeit unter geistlicher Kontrolle – Auslieferung der Ergebnisse (143–146)
Schriftliche Ausarbeitung der Ergebnisse	Heimliche Aufbewahrung einer Kopie der *Discorsi* (149)
Ausbeutung durch Zugriff der Irrenärztin	Heimliche Übergabe der *Discorsi*-Kopie an Andrea zur Veröffentlichung.
Möbius steht zu seiner Verantwortung.	Galilei schiebt die Verantwortung auf Andrea. (149) Selbsterkenntnis: Sein Versagen vor der Obrigkeit (155). Die Chance eines hippokratischen Eides der Wissenschaft ist vertan. (154)
Paradoxon: Aus Möbius, der den beispielhaften Entschluss geplant hat, das Ergebnis seines Wissensdranges zum Schutz der Menschheit im Irrenhaus zu verbergen, wird durch Zufall ein beispiellos ausgenutzter Forscher. Das persönliche, menschliche Opfer ist in Sinnlosigkeit verkehrt.	Wissenschaft als Selbstzweck ist zur Ware geworden, käuflich (in der Gosse) für die Mächtigen. Ihre Aufgabe, die menschliche Existenz zu erleichtern, wird verfehlt, ihr Fortschreiten führt von der Menschheit weg. Ihre neuen ›Errungenschaften‹ werden mit einem universalen Entsetzensschrei beantwortet werden.

Ergebnis: Der hippokratische Eid der Naturwissenschaftler, nur dem Wohle der Menschheit zu dienen (Galilei, 154), wurde vertan. Die Zerstreuung des kleinen Kreises der Atomforscher (USA – Deutschland) führte zur Atombombe. Was einmal gedacht wurde, kann wieder gedacht werden: Wissenschaftliche Erkenntnisse können nicht zurückgenommen werden und verfallen der Ausbeutung, gleichgültig, wie der Wissenschaftler sich danach verhält.

Stunden	Thema	Didaktische Aspekte (Inhalte/Ziele)
13./ 14.	Thema: Wissenschaft und Forschung im Spannungsfeld (*DIE PHYSIKER*, S. 69–87)	Der Schluss der *PHYSIKER* öffnet am Beispiel der Physik den Blick der Schüler für grundlegende Probleme moderner Forschung in den Grenzbereichen wissenschaftlicher Erkenntnis. Die Unfreiheit der Forschung, ihre Abhängigkeit von politischen und materiellen Einflüssen und Bedingtheiten ist die eine Seite, der innere Zwang, die Neugierde, die menschliche Lust, einen einmal eingeschlagenen Weg bis zum Ende zu verfolgen, die andere. Die persönliche Verführung durch Ruhm, Ehre, Geld, die solch ein wissenschaftlicher Erfolg bringt, ist eine weitere Komponente. Schülern der Sek. II sollte nach der Lektüre der *PHYSIKER* die Erweiterung und Aktualisierung dieser sehr kontrovers diskutierten, brisanten Thematik nicht vorenthalten werden. Neben die Atomphysik traten in den 90er Jahren die Gentechnik und die Fortpflanzungsmedizin ins Bewusstsein, die unmittelbare Eingriffe in die Keimzelle des Lebendigen erlauben, also eine Art Schöpfungsfunktion wahrnehmen (vgl. Mat. 5). Deshalb sollte diese UE nicht nur auf Atomforschung beschränkt werden. Eine Einladung der Physik-, Mathe-, Chemie- und Bio-LKs und ihrer Lehrer ist wünschenswert.

Methodische Realisierung/	Hausaufgabe
Verlauf	

Die Erarbeitung dieses Themas könnte so organisiert werden:

1. Arbeitsaufträge an Einzelschüler oder Lerngruppen als KRef:

1.1 Zusammenfassung der Argumente von Möbius, Einstein, Newton, Dr. v. Zahnd zum Thema.

1.2 Atomforschung, Atomtechnologien: Begriffsklärung; Nutzung (militärisch, wirtschaftlich); positive, negative Aspekte; Verstrahlungsgefahr von Mensch und Umwelt. Stand der öffentlichen Diskussion.

1.3 Genforschung, Gentechnologie: Begriffsklärung; Nutzung (wirtschaftlich, medizinisch); positive, negative Aspekte; Eingriffsmöglichkeit in Natur und Lebensvorgänge. Stand der öffentlichen Diskussion.

1.4 Mögliche Erweiterung: Andere Grenzbereiche der Forschung: u. a. molekularbiol. Technik; Rüstungstechnologie, Lasertechnik.

1.5 Formen der Unfreiheit, der Abhängigkeiten der Forschung und der Forscher.

1.6 Beschränkung der Forschungstätigkeiten: nationale Gesetze, internationale Konventionen, persönliche ethische und moralische Verantwortung und ihre Funktionsfähigkeit.

Erarbeiten der Lernaufträge in eigenverantwortlicher Lernorganisation (Lexika, Literatur, Recherchen im Internet, Informationsaustausch mit Fachlehrern oder im persönlichen Umfeld. Die Möglichkeit, ob die fachspezifischen Referate von Schülern aus entsprechenden Leistungskursen übernommen werden können, sollte geprüft werden.

2. Ausgangspunkt der UE ist die Darstellung der Ergebnisse der Gruppe 1.1 als Kurzreferat zur wiederholenden Verdeutlichung der Problematik. Die anderen KRef können sich anschließen. Der Unterricht wird lebendiger, wenn diese Referenten ihr Wissen in die Diskussion einbringen und ihr KRef nur als Tischvorlage an die Schüler verteilen.

3. KRef 1.2 – 1.5. Jede Lerngruppe sollte jedem Schüler am Ende des Vortrags eine kurze schriftliche Zusammenfassung des Referats übergeben. Es hat sich bewährt, dass der Lehrer diese Kurzfassung früher erhält.

4. Im Verlauf der Referate entsteht das Tafelbild, S. 95, wobei die Zuordnung durch Pfeile gemäß der Hinweise in den Referaten oder in der nachfolgenden Diskussion geschehen kann.

5. Die Zuordnung wird im UG weitergeführt und begründet. Die Dimension des Dilemmas der nationalen Forschung wird noch deutlicher, wenn durch den äußeren Kreis mit seinen Zuordnungen ersichtlich wird, dass durch die Vernetzung der Weltwirtschaft und Weltpolitik das Fortschreiten der Wissenschaft wohl unaufhaltsam sein wird, während die ethisch-moralische Entwicklung der Weltbevölkerung sehr weit zurückbleibt, obwohl der technologische Zugriff auf die Basisstrukturen des Lebens immer deutlicher wird. Die Diskussion der auch in der Öffentlichkeit kontrovers diskutierten Problematik sollte in offener Form weitergeführt werden. Punkt 17 (**Was alle angeht, können nur alle lösen**) ist durch internationale Verbote und Abrüstungskonventionen aufgrund des Drucks der öffentlichen Meinung für die Atom-Rüstungsindustrie teilweise realisiert worden.

Stunden	Thema	Didaktische Aspekte (Inhalte/Ziele)
13./ 14.		

Additum 5 für Sek. II

Stunden	Thema	Didaktische Aspekte (Inhalte/Ziele)
15./ 16.	Thema: Der Mensch in einer unberechenbaren Welt	Das rechte oder falsche Handeln des Menschen ist Thema und Inhalt der PHYSIKER. Es ist eines der Hauptthemen der Literatur. Warum scheitert Möbius? Die Gewissensentscheidung, seine Erkenntnisse zu verbergen, sein Verzicht und Opfer werden zunichte gemacht. Die Ärztin stempelt ihn sogar zum Verräter. Wie hätte Möbius handeln sollen? Scheiterte nicht auch Oppenheimer? Ist es seine individualethische Entscheidung, also die Reduktion auf die Pflichten sich selbst und den Mitmenschen gegenüber und die Eigenverantwortlichkeit der Physiker (Forscher), vgl. Pkt. 17 und 18, also der Versuch einer Selbstverwirklichung in einer Art sittlichem Heldentum, weshalb ihn Dürrenmatt ad absurdum führt? Beweisen die Verträge zur atomaren Abrüstung nicht die Vision Dürrenmatts von 1962, also die Punkte 16–18 zu den PHYSIKERN?

TA III

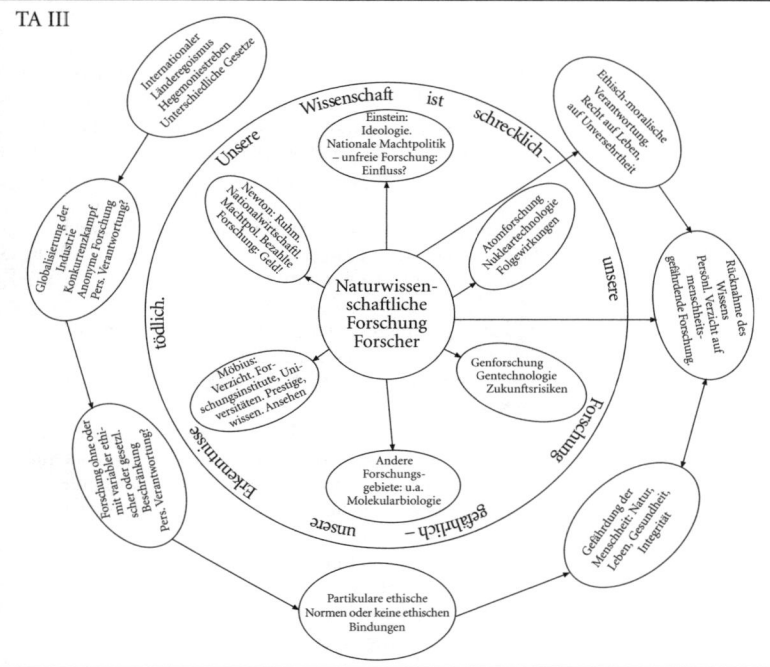

Vorab: Jeder Verlauf, jeder Einstieg in diese UE ist möglich.

2 Alternativen:

(A 1): Kurzreferat(e)

(1. Teil): Rekapitulation der Thematik in den *PHYSIKERN*

1.1 Darstellung der Antriebskräfte für Forscher.

1.2 Die logisch einsichtige Entscheidung von Möbius, wenn er nicht auf seine gefährliche Forschung verzichten will.

1.3 Der Entschluss der drei Physiker, im Irrenhaus zu bleiben aus persönlicher, sittlicher Verantwortung, zum Wohle der Menschheit, als Sühne für den Mord an den Krankenschwestern.

1.4 Die schlimmstmögliche Wendung oder der Verrat an der Wissenschaft.

Kurzreferat(e) (2. Teil): Die Thematik der *PHYSIKER* im Lichte der Punkte 3, 4, 7, 8, 16, 17, 18.

2.1 Ist persönliches ›Opfer‹ als ›heldischer‹ Entschluss für eine Sache noch möglich?

DIE PHYSIKER thematisieren die Gefährdung der Welt und des Menschen durch die Ergebnisse und Möglichkeiten der modernen Naturwissenschaften, aber auch die enorme gesellschaftliche Verantwortung der Wissenschaftler unserer Zeit. In den 50er- und 60er-Jahren war es die Atomtechnik, heute ist die Gentechnik das aktuelle Thema. Die grundsätzlichen ethischen und moralischen Fragen, die sich Forschern stellen, sollten auch Verantwortunsbewusste beschäftigen. Glaubte man früher die Wissenschaft sei nur zweckfreie Suche nach der Wahrheit, so zeigen die *PHYSIKER* exemplarisch im ›Weltunternehmen‹ der Irrenärztin, dass es heute jenseits der Forschung und ihrer technischen Realisierbarkeit Wichtigeres für den suchenden menschlichen Geist gibt, soll nicht der Mensch und seine Welt in der bisherigen Art in Frage gestellt werden.

Der Diskussion dieser Probleme dienen die Texte in Mat. 5. Der letzte philosophisch-kulturgeschichtliche Aufsatz gibt weiterführende Denkanstöße für eine Standortbestimmung zu Forschungen und Entwicklungen der Biotechnologie.

Welche Art Ethik gibt **in der Wurstelei unseres Jahrhunderts** dem Menschen heute *Orientierung* für sein Handeln? Ist es die Formalethik Kants (kategorischer Imperativ)? Die christliche Ethik der Zehn Gebote? Eine moderne hedonistische Lust- und Glücksethik? Oder die utilitaristische, die den größtmöglichen eigenen und allgemeinen Nutzen zur normativen Kraft des Handelns *hoch*stilisiert?

Diese UE sollte absolut ohne feste Vorgaben eine ergebnisoffene UE sein, auch mit dem Mut zum ›Scheitern‹.

Wichtig wäre, dass ein Religions-, Ethik-, Geschichtslehrer als Experte anwesend sein kann; nicht für lange Eigenbeiträge, sondern für Klarstellungen und Fragen.

2.2 Was bedeutet ›Opfer‹ im sakralen und im ethisch-säkularen Bereich? Beispiele?

2.3 Ist Forschern der Rückzug in die Unverbindlichkeit des Privaten (vgl. Kriminalinspektor Voß) möglich/erlaubt?

(A 2): 1. LV.: Zitat aus Dürrenmatts *TURMBAU* 1990, S. 38: [...] **faszinierte mich die Möglichkeit, eine grundsätzlich unberechenbare Welt aufzuzeigen, an der eine grundsätzlich richtige Überlegung scheitert.**

Über die *PHYSIKER* schreibt er in diesem Zusammenhang (S. 32): **Möbius in den *PHYSIKERN* weiß wie Ödipus sein Schicksal nicht durch Orakel, sondern weil er sich als Wissenschaftler denken kann, was ihm droht. Wie Ödipus will auch Möbius seinem Schicksal entgehen, die Ausnutzung seiner Forschung durch Technik, er flüchtet wie Ödipus, wie dieser wählt er den falschen Weg, er flüchtet ins falsche Irrenhaus, die verrückte Irrenärztin hält ihn für normal statt verrückt und nutzt seine Entdeckungen aus.**

2. KRef: Inhalt von Sophokles (496 v. Chr. – 406 v. Chr.) *KÖNIG ÖDIPUS*. Darin die Fragestellung: Wie verschuldet Ödipus sich, wie sühnt er, wie erfolgt die Katharsis?

3. UG/Impulse: Die Schicksals- bzw. Zufallsverfallenheit des Menschen in der Welt.

Wie zeigte sie sich in der Geschichte? Wie zeigte sie sich im Umkreis der Schüler? Welche Antwort geben die beiden Werke, die fast 2500 Jahre auseinander liegen? Wie sehen wir diese Fragen heute?

Ist die Welt und das Leben der Menschen in ihr wirklich unberechenbar? Warum scheitern Menschen trotz grundsätzlich richtig überlegten Handelns? Gibt es Entscheidungskriterien für ein ›richtiges‹ Handeln?

4. Als mögliche Antwort darauf sollen drei Philosophen zitiert werden:

Immanuel Kant (1724–1804)

a. **Der kategorische Imperativ würde der sein, welcher eine Handlung als für sich selbst, ohne Beziehung auf einen anderen Zweck, als objektiv notwendig vorstellte.**

b. **Handle nur nach derjenigen Maxime, durch die du zugleich wollen kannst, daß sie ein allgemeines Gesetz werde.**

c. **Handle so, als ob die Maxime deiner Handlung durch deinen Willen zu einem allgemeinen Naturgesetz werden sollte.**

d. **Handle so, daß du die Menschheit, sowohl in deiner Person, als in der Person eines jeden anderen, jederzeit zugleich als Zweck, niemals bloß als Mittel brauchtest.**

(*GRUNDLEGUNG ZUR METAPHYSIK DER SITTEN, BD. 4*)

Die folgenden Zitate sind repräsentativ für die beiden divergierenden Richtungen des Existenzialismus, der vorherrschenden

Stunden	Thema	Methodische Realisierung/ Verlauf
15./ 16.		philosophischen Lehre in der Zeit der Entstehung der *PHYSIKER*. Karl Jaspers (1883 – 1969) Das ist die große Frage des Menschseins, woher der Mensch seine Führung hat. Denn gewiß ist: [...] die **Freiheit des Menschen eröffnet ihm mit der Unsicherheit seines Seins zugleich die Chance, noch zu werden, was er eigentlich sein kann.** [vgl. Mat. 5,»Umbau des Menschen«] **Die Führung durch die Transzendenz ist anders als jede andere Führung in der Welt, denn es gibt nur eine Weise der Führung durch Gott.** Sie geschieht auf dem Wege über die Freiheit selbst. **Gottes Stimme liegt in dem, was dem einzelnen Menschen aufgeht in Selbstvergewisserung [...] Sein Urteil über des Menschen Tun hat keinen anderen Ausdruck in der Zeit als im Urteil des Menschen über seine Gefühle, Motive, Handlungen. In der freien redlichen Weise des urteilenden Selbstwahrnehmens, in Selbstanklage, in**

5   Unterrichtsreihen für die Sekundarstufe II

Reihenbildung

DÜRRENMATTS *PHYSIKER* sind gut in einer dramentheoretischen Reihung anzusetzen. Als Voraussetzung dient die klassische Dramentheorie. DÜRRENMATT hat seine Position selbst in seinem *MODELL SCOTT* charakterisiert. Dieses Modell öffnet den Zugang nicht nur zu DÜRRENMATTS Veränderungen der gattungstypischen Merkmale des Dramas – trotz seiner Betonung der drei klassischen Einheiten –, es zeigt auch typische Entwicklungslinien des neuzeitlichen Dramas präzise auf. Die dort zitierten Autoren sollten zumindest durch die Lektüre ausgewählter Szenen und womöglich auch durch wichtige dramentheoretische Äußerungen erneut ins Bewusstsein gerückt werden. Auch die Überlegungen DÜRRENMATTS in den *THEATERPROBLEMEN* könnten durch ein Schülerreferat eingebracht werden (Mat. 1: *MODELL SCOTT*).

Als andere interessante und erprobte Unterrichtseinheit erweist sich der Vergleich zwischen der Gestaltung einer singulären Opfertat in den *PHYSIKERN* und dem tragischen Helden im *KÖNIG ÖDIPUS* von Sophokles. Auch hier hat Ödipus seine scheinbar die Stadt Theben rettende Tat vor dem Einsetzen der Handlung vollbracht. Als weiser Herrscher erzwingt er Stück um Stück Wahrheit über die verheerenden Folgen und erfährt seine Entlarvung. Als edler Charakter erkennt, trägt und büßt er seine durch Verhängnis (Zufall) begangene Schuld und befreit als Einzelner die Stadt zum zweiten Mal von der Plage. Die anfängliche Undurchsichtigkeit der Welt wird als neu gestaltbar dem erkennen-

Selbstbejahung findet der Mensch indirekt – nie endgültig – und immer noch zweideutig Gottes Urteil.

(*EINFÜHRUNG IN DIE PHILOSOPHIE*, Zürich 1950)
Jean Paul Sartre (1905–1980)
Wenn Gott nicht existiert, so finden wir uns keinen Werten, keinen Geboten gegenüber, die unser Betragen rechtfertigen. So haben wir weder hinter uns noch vor uns, im Lichtreich der Werte, Rechtfertigungen oder Entschuldigungen. Das ist es, was ich durch die Worte ausdrücken will: Der Mensch ist verurteilt, frei zu sein. Verurteilt, weil er sich nicht selbst erschaffen hat, anderweit aber dennoch frei, da er, einmal in die Welt geworfen, für alles verantwortlich ist, was er tut [...] Der Existenzialist wird auch nie denken, daß der Mensch auf Erden Hilfe finden könne, in einem gegebenen Zeichen, das ihm seine Richtung weise.

(*L'EXISTENTIALISME EST UNE HUMANISME*, Paris 1946, deutsch Zürich 1947)

Diese drei Zitate sollten den Schülern in Fotokopie vorgelegt werden, wenn sie in die Diskussion eingebracht werden.

---

den Ödipus erhellt. Sein gezieltes Opfer wird sinnvoll und verfällt nicht in die Sinnlosigkeit einer paradoxen Verflechtung. Diese kurze Skizze soll anzeigen, wie im Gegensatz zu der Darstellung DÜRRENMATTS in den *PHYSIKERN* bei Sophokles der einzelne Mensch in seiner charakterlichen Individualität verantwortlich und entscheidend die Wirklichkeit prägt, wenn er auch letztlich tragisch endet. Auf dem Hintergrund der Äußerungen DÜRRENMATTS in den *THEATERPROBLEMEN* (120–123) ergibt sich dieses Bild:

Frei handelnder und entscheidender Mensch Tragischer Held	→ Schuld, Not, Maß, sichtbare Welt, Verantwortung	→ Weltbild der klassischen Tragödie
(darstellbar)	(darstellbar)	(Staatsaktionen)
Menschen ins Kollektiv gebettet, Kindeskinder, Gestaltlosigkeit, Schuld nur als persönliche Leistung, als religiöse Tat	→ Gesichtslose Welt, Wurstelei des Jahrhunderts, Kehraus, Maßlosigkeit, Verantwortungslosigkeit, Ungestalt nur im Paradox ausdrückbar	→ Als Tragödie nicht darstellbar, da ohne Einfall. Das Tragische ist aus der Komödie heraus darstellbar als sich öffnender Abgrund, da sie durch den Einfall Distanz schafft, im Komischen das Gestaltlose gestaltet durch Paradoxie und Groteske
Tragischer Held (nicht darstellbar)	Kollektivschuld (nicht darstellbar)	(Satyrspiele)

Als Einstieg in diese Unterrichtseinheit hat sich ein Vergleich des Bildes vom Menschen und seiner Weltbewältigung im **Psalm Salomos, den Weltraumfah-**

rern zu singen und im Chorlied aus der ANTIGONE des Sophokles (vgl. S. 66/67 dieser Arbeit) bewährt. Dieser Vergleich ist als Hausaufgabe und Kurzreferat erprobt. Die Zeichnung Dürrenmatts ›Weltraum Psalm‹ (vgl. Mat. 6) bietet dafür auch einen eindrücklichen optischen Bezug.

Die hier vorgegebene Sequenzbildung nach dem thematischen Gesichtspunkt ist für die Schüler sicher die interessanteste Variante. Eine Diskussion der Schüler und Kollegen der Fachrichtung Physik und Religion/Ethik ist am Schluss sehr sinnvoll. Sie bringt oft weiterführende, meist aktuelle Gesichtspunkte und Gedanken. Zur Einführung wird die Grundaussage der drei Autoren noch einmal skizziert:

Bei Brechts GALILEI steht die Verantwortung des Naturwissenschaftlers als soziale Aufgabe im Vordergrund: Wissenschaft dient dem Fortschritt der Gesellschaft im Sinne einer Verwirklichung sozialer Gerechtigkeit. Nach Brecht übersieht Galilei diesen Zusammenhang, sein zweideutiges Verhalten lässt das Heraufkommen eines Wissenschaftlertyps ahnen, der die Verantwortung für sein Forschen aufgegeben hat. Er liefert sein Wissen den Machthabern aus, ist Mietling (vgl. Newton – Einstein).

Den Zwiespalt des Naturwissenschaftlers zwischen Loyalität gegenüber der Staatsgewalt und seiner Verpflichtung der Menschheit gegenüber gestaltet Kipphardt. Sein Dokumentartheater zeigt in Prägnanz das reale Dilemma der modernen Forschung.

Die persönliche Verantwortung von Möbius, der die letzte Stufe wissenschaftlicher Forschung erreicht hat, endet in paradoxer Sinnlosigkeit. Hilft DÜRRENMATTS Hinweis Punkt 16, 17, 18 weiter?

Eine Weiterführung dieser problemorientierten Einheit unter gattungstheoretischen Gesichtspunkten bietet sich an unter der Fragestellung: Wie haben die drei Autoren dasselbe Thema gestaltet um die Zuschauer/Leser für ihre Aussagetendenz, ihre Problemorientierung zu gewinnen? Die Absicht DÜRRENMATTS ist in dieser Interpretation erläutert. In Eigenarbeit (HA oder Referat) gelingt es den Schülern, Aussageabsicht und Gestaltung von Brecht und Kipphardt zu erarbeiten, wenn man ihnen Brechts Schema ÜBER DAS EPISCHE THEATER (Mat. 2) und Peter Weiss' NOTIZEN ZUM DOKUMENTARISCHEN THEATER (Mat. 3) als Grundlage vorlegt.

DÜRRENMATT schreibt in THEATERPROBLEME: **Der Mensch des Dramas ist ein redender Mensch, […] und die Handlung ist dazu da, den Menschen zu einer besonderen Rede zu zwingen […] Das heißt nun aber, daß ich den Menschen im Drama in Situationen zu bringen habe, die ihn zum Reden zwingen.**

Alle drei Autoren setzen das Gespräch, vor allem den Dialog, bewusst als Mittel ihrer Aussageabsicht ein. Dabei treten die bekannten Grundformen des gestalteten Gesprächs auf: Verhör, Interview (Gestus des fragenden Erkundens), Enthüllungsgespräch, scheiterndes Gespräch (Gestus der Beziehungslosigkeit, des Aneinander-vorbei-Redens), Einschüchterungsgespräch, Entscheidungsgespräch, Diskurs (Gestus der Problemerörterung). Die Schüler entdecken als HA- oder in Kurzreferatform sehr zielsicher solche Gesprächstypen und die ihnen zugrunde liegende Tendenz.

6   Klausurvorschläge

Sekundarstufe I
Einige der im Unterrichtsentwurf genannten Hausaufgaben können auch als
Klausurthemen benutzt werden.
1. Analysieren Sie den Dialog Möbius / Monika Stettler. Begründen Sie aus-
    führlich, weshalb dieses Gespräch scheitern muss.
2. Charakterisieren Sie den Kriminalkommissar Voß. Schildern Sie die Gründe
    für seinen Gesinnungswandel im 2. Akt. Wodurch unterscheidet sich dieser
    Kriminalkommissar vom gängigen Klischee?
3. Welche Gründe veranlassen Möbius zu seinem Handeln? Worin sind die Ur-
    sachen für sein Scheitern zu finden?
4. Durch welche Gestaltungsmittel gelingt es DÜRRENMATT in den PHYSIKERN,
    die Wirklichkeit für den Zuschauer fragwürdig werden zu lassen? Nennen
    Sie Beispiele.

Sekundarstufe II
1. Analyse der Regieanweisung vor der 1. Szene: Welche wichtigen Motive und
    Gestaltungselemente lassen sich bereits hier erkennen?
2. Analysieren Sie im Hinblick auf die Funktion im Stück den **Psalm Salomos,**
    den Weltraumfahrern zu singen und den Schlussmonolog von Möbius. Wie
    ist die Aussage des Schlussmonologs durch den Handlungsverlauf zu be-
    gründen?
3. Die Verantwortung der Naturwissenschaftler (Physiker) vor der Menschheit
    und der Welt ist Thema der Komödie von DÜRRENMATT. Wie gestaltet
    DÜRRENMATT Möbius' Scheitern? Wo liegen Ihrer Ansicht nach die Gründe
    für sein Scheitern? Wie beurteilen Sie die PHYSIKER unter dem Gesichts-
    punkt unserer gegenwärtigen Wirklichkeitsbewältigung?
4. Arbeiten Sie wichtige Aspekte der Gesellschaftsschilderung und -kritik an
    den PHYSIKERN heraus. Zeigen Sie die Zusammenhänge zu den nachfolgen-
    den 21 Punkten.
5. Im *MODELL SCOTT* entwirft DÜRRENMATT Möglichkeiten tragischer Men-
    schengestaltung. Erläutern Sie DÜRRENMATTS Vorstellung an den *Physikern*
    (Mat. 1).
6. Vergleichen Sie den **Psalm Salomos, den Weltraumfahrern zu singen** mit
    dem Chorlied (332–375) aus der *ANTIGONE* des Sophokles. Zeigen Sie die
    Unterschiede in der menschlichen Zielsetzung und Wirklichkeitsbewälti-
    gung. Welche Gründe lassen sich für die Verschiedenheit anführen?
7. Zeigen Sie, welche Einsichten DÜRRENMATT im folgenden Text (Mat. 4) sei-
    nen Lesern nahe bringen will. Beschreiben Sie, mit welchen Überlegungen
    er seine Ansichten entfaltet und stützt. Legen Sie am Beispiel der PHYSIKER
    dar, wie er seiner Theorie im Bühnenstück Gestalt gab.
8. Analysieren und vergleichen Sie die Szene Möbius – Newton – Einstein im
    2. Akt der PHYSIKER mit der Szene Galilei – Andrea in Brechts *LEBEN DES*
    GALILEI im Hinblick auf die Gesprächsführung und ihr Ergebnis. Welches

Grundproblem wird angesprochen? Stellen Sie besonders die Haltung von Möbius und Galilei zur Wissenschaft und den Mächtigen dar. Wie beurteilen Sie die Positionen der beiden Wissenschaftler?

Die Textstelle: B. Brecht: LEBEN DES GALILEI. 148–155, Szene 14, von **Ich schrieb die ›Discorsi‹ fertig** bis **Und ich überlieferte mein Wissen den Machthabern, es zu gebrauchen, es nicht zu gebrauchen, es zu mißbrauchen, ganz, wie es ihren Zwecken diente.**

7 Materialien

Material
1

FRIEDRICH DÜRRENMATT: Modell Scott

Shakespeare hätte das Schicksal des unglücklichen Robert Falcon Scott doch wohl in der Weise dramatisiert, daß der tragische Untergang des großen Forschers durchaus dessen Charakter entsprungen wäre; Ehrgeiz hätte Scott blind gegen die Gefahren der unwirtlichen Regionen gemacht, in die er sich wagte, Eifersucht und Verrat unter den anderen Expeditionsteilnehmern hätten das Übrige hinzugetan, die Katastrophe in Eis und Nacht herbeizuführen; bei Brecht wäre die Expedition aus wirtschaftlichen Gründen und Klassendenken gescheitert, die englische Erziehung hätte Scott gehindert, sich Polarhunden anzuvertrauen, er hätte zwangsläufig standesgemäße Ponys gewählt, der höhere Preis wiederum dieser Tiere hätte ihn genötigt, an der Ausrüstung zu sparen; bei Beckett wäre der Vorgang auf das Ende reduziert, Endspiel, letzte Konfrontation, schon in einen Eisblock verwandelt säße Scott anderen Eisblöcken gegenüber, vor sich hinredend, ohne Antwort von seinen Kameraden zu erhalten, ohne Gewißheit, von ihnen noch gehört zu werden: Doch wäre auch eine Dramatik denkbar, die Scott beim Einkaufen der für die Expedition benötigten Lebensmittel aus Versehen in einen Kühlraum einschlösse und in ihm erfrieren ließe. Scott, gefangen in den endlosen Gletschern der Antarktis, entfernt durch unüberwindliche Distanzen von jeder Hilfe, Scott, wie gestrandet auf einem anderen Planeten, stirbt tragisch, Scott, eingeschlossen in den Kühlraum durch ein läppisches Mißgeschick, mitten in einer Großstadt, nur wenige Meter von einer belebten Straße entfernt, zuerst beinahe höflich an die Kühlraumtüre klopfend, rufend, wartend, sich eine Zigarette anzündend, es kann ja nur wenige Minuten dauern, dann an die Türe polternd, darauf schreiend und hämmernd, immer wieder, während sich die Kälte eisiger um ihn legt, Scott, herumgehend, um sich Wärme zu verschaffen, hupfend, stampfend, turnend, radschlagend, endlich verzweifelt Tiefgefrorenes gegen die Türe schmetternd, Scott wieder innehaltend, im Kreise herumzirkelnd auf kleinstem Raum, schlotternd, zähneklappernd, zornig und ohnmächtig, dieser Scott nimmt ein noch schrecklicheres Ende und dennoch ist Robert Falcon Scott im Kühlraum erfrierend ein anderer als Robert Falcon Scott erfrierend in der Antarktis, wir spüren es, dialektisch gesehen ein anderer, aus einer tragischen Gestalt ist eine komische Gestalt geworden, komisch nicht wie einer, der stottert, oder wie einer, der vom Geiz oder von der Eifersucht überwältigt worden ist, eine Gestalt komisch allein durch ihr Geschick: Die schlimmstmögliche Wendung, die eine Geschichte nehmen kann, ist die Wendung in die Komödie.

(aus: F. Dürrenmatt: Die Wiedertäufer. Werke X. Zürich: (Arche) 1980, 127 f.)

BERTOLT BRECHT: Das moderne Theater ist das epische Theater.

Folgendes Schema zeigt einige Gewichtsverschiebungen vom dramatischen zum epischen Theater.

Dramatische Form des Theaters	Epische Form des Theaters
Die Bühne ›verkörpert‹ einen Vorgang	sie erzählt ihn
verwickelt den Zuschauer in eine Aktion und	macht ihn zum Betrachter, aber
verbraucht seine Aktivität	weckt seine Aktivität
ermöglicht ihm Gefühle	erzwingt von ihm Entscheidungen
vermittelt ihm Erlebnisse	vermittelt ihm Kenntnisse
der Zuschauer wird in eine Handlung hineinversetzt	er wird ihr gegenübergesetzt
es wird mit Suggestion gearbeitet	es wird mit Argumenten gearbeitet
die Empfindungen werden konserviert	bis zu Erkenntnissen getrieben
der Mensch wird als bekannt vorausgesetzt	der Mensch ist Gegenstand der Untersuchung
der unveränderliche Mensch	der veränderliche und verändernde Mensch
Spannung auf den Ausgang	Spannung auf den Gang
eine Szene für die andere	jede Szene für sich
die Geschehnisse verlaufen linear	in Kurven
natura non facit saltus	facit saltus
die Welt, wie sie ist	die Welt, wie sie wird
was der Mensch soll	was der Mensch muß
seine Triebe	seine Beweggründe
das Denken bestimmt das Sein	das gesellschaftliche Sein bestimmt das Denken

(aus: B. Brecht: Werke. Bd. 17. Frankfurt 1967, 1009, Werkausgabe ed. suhrkamp)

1

Das dokumentarische Theater ist ein Theater der Berichterstattung. Protokolle, Akten, Briefe, statistische Tabellen, Börsenmeldungen, Abschlußberichte von Bankunternehmen und Industriegesellschaften, Regierungserklärungen, Ansprachen, Interviews, Äußerungen bekannter Persönlichkeiten, Zeitungs- und Rundfunkreportagen, Fotos, Journalfilme und andere Zeugnisse der Gegenwart, bilden die Grundlage der Aufführung. Das dokumentarische Theater enthält sich jeder Erfindung, es übernimmt authentisches Material und gibt dies, im Inhalt unverändert, in der Form bearbeitet, von der Bühne aus wieder. Im Unterschied zum ungeordneten Charakter des Nachrichtenmaterials, das täglich von allen Seiten auf uns eindringt, wird auf der Bühne eine Auswahl gezeigt, die sich auf ein bestimmtes, zumeist soziales oder politisches Thema konzentriert. Diese kritische Auswahl, und das Prinzip, nach dem die Ausschnitte der Realität montiert werden, ergeben die Qualität der dokumentarischen Dramatik.

2

Das dokumentarische Theater ist Bestandteil des öffentlichen Lebens, wie es uns durch die Massenmedien nahe gebracht wird. Die Arbeit des dokumentarischen Theaters wird hierbei durch eine Kritik verschiedener Grade bestimmt. a. Kritik an der Verschleierung. Werden die Meldungen in Presse, Rundfunk und Fernsehen nach Gesichtspunkten dominierender Interessengruppen gelenkt? Was wird uns vorenthalten? Wem dienen die Ausschließungen? Welchen Kreisen gelangt es zum Vorteil, wenn bestimmte soziale Erscheinungen vertuscht, modifiziert, idealisiert werden? b. Kritik an Wirklichkeitsfälschungen. Warum wird eine historische Person, eine Periode oder Epoche aus dem Bewußtsein gestrichen? Wer stärkt seine eigene Position durch die Eliminierung historischer Fakten? Wer zieht Gewinn aus einer bewußten Verunstaltung einschneidender und bedeutungsvoller Vorgänge? Welchen Schichten in der Gesellschaft ist am Verbergen der Vergangenheit gelegen? Wie äußern sich die Fälschungen, die betrieben werden? Wie werden sie aufgenommen? c. Kritik an Lügen. Welches sind die Auswirkungen eines geschichtlichen Betrugs? Wie zeigt sich eine gegenwärtige Situation, die auf Lügen aufgebaut ist? Mit welchen Schwierigkeiten muß bei der Wahrheitsfindung gerechnet werden? Welche einflußreichen Organe, welche Machtgruppen werden alles tun, um die Kenntnis der Wahrheit zu verhindern? [...]

8

Die Stärke des dokumentarischen Theaters liegt darin, daß es aus Fragmenten der Wirklichkeit ein verwendbares Muster, ein Modell der aktuellen Vorgänge, zusammenzustellen vermag. Es befindet sich nicht im Zentrum des Ereignisses, sondern nimmt die Stellung des Beobachtenden und Analysierenden ein. Mit seiner Schnitttechnik hebt es deutliche Einzelheiten aus dem chaotischen Material der äußeren Realität hervor. Durch die Konfrontierung gegensätzlicher Details macht es aufmerksam auf einen bestehenden Konflikt, den es dann, anhand seiner gesammelten Unterlagen, zu einem Lösungsvorschlag, einem Appell oder einer grundsätzlichen Frage bringt. Was bei der offenen Improvisation, beim politisch gefärbten Happening, zur diffusen Spannung, zur emotionalen Anteilnahme und zur Illusion eines Engagements am Zeitgeschehen führt, wird im dokumentarischen Theater aufmerksam, bewußt und reflektierend behandelt. [...]

10

Das dokumentarische Theater ist parteilich. Viele seiner Themen können zu nichts anderem als zu einer Verurteilung geführt werden. Für ein solches Theater ist Objektivität unter Umständen ein Begriff, der einer Machtgruppe zur Entschuldigung ihrer Taten dient. Der Ruf nach Mäßigkeit und Verständnis wird als ein Ruf derer gezeigt, die ihre Vorteile nicht verlieren möchten [...]

(aus: P. Weiss: Rapporte 2. Frankfurt 1971, 91–93, ed. suhrkamp 444)

FRIEDRICH DÜRRENMATT: Tragödie und Komödie

Die Aufgabe der Kunst, soweit sie überhaupt eine Aufgabe haben kann, und somit die Aufgabe der heutigen Dramatik ist, Gestalt, Konkretes zu schaffen. Dies vermag vor allem die Komödie. Die Tragödie, als die gestrengste Kunstgattung, setzt eine gestaltete Welt voraus. Die Komödie – sofern sie nicht Gesellschaftskomödie ist wie bei Molière –, eine ungestaltete, im Werden, im Umsturz begriffene, eine Welt, die am Zusammenpacken ist wie die unsrige. Die Tragödie überwindet die Distanz. Die in grauer Vorzeit liegenden Mythen macht sie den Athenern zur Gegenwart. Die Komödie schafft Distanz, den Versuch der Athener, in Sizilien Fuß zu fassen, verwandelt sie in das Unternehmen der Vögel, ihr Reich zu errichten, vor dem Götter und Menschen kapitulieren müssen. [...] Das Mittel nun, mit dem die Komödie Distanz schafft, ist der Einfall. Die Tragödie ist ohne Einfall. Darum gibt es auch wenige Tragödien, deren Stoff erfunden ist. Ich will damit nicht sagen, die Tragödienschreiber der Antike hätten keine Einfälle gehabt, wie dies heute etwa vorkommt, doch ihre unerhörte Kunst bestand darin, keine nötig zu haben. Das ist ein Unterschied. Aristophanes dagegen lebt vom Einfall. Seine Stoffe sind nicht Mythen, sondern erfundene Handlungen, die sich nicht in der Vergangenheit, sondern in der Gegenwart abspielen. Sie fallen in die Welt wie Geschosse, die, indem sie einen Trichter aufwerfen, die Gegenwart ins Komische, aber dadurch auch ins Sichtbare verwandeln. Das heißt nun nicht, daß ein heutiges Drama nur komisch sein könne. Die Tragödie und die Komödie sind Formbegriffe, dramaturgische Verhaltensweisen, fingierte Figuren der Ästhetik, die Gleiches zu umschreiben vermögen. Nur die Bedingungen sind anders, unter denen sie entstehen, und diese Bedingungen liegen nur zum kleineren Teil in der Kunst. Die Tragödie setzt Schuld, Not, Maß, Übersicht, Verantwortung voraus. In der Wurstelei unseres Jahrhunderts, in diesem Kehraus der weißen Rasse, gibt es keine Schuldigen und auch keine Verantwortlichen mehr. Alle können nichts dafür und haben es nicht gewollt. Es geht wirklich ohne jeden. Alles wird mitgerissen und bleibt in irgendeinem Rechen hängen. Wir sind zu kollektiv schuldig, zu kollektiv gebettet in die Sünden unserer Väter und Vorväter. Wir sind nur noch Kindeskinder. Das ist unser Pech, nicht unsere Schuld: Schuld gibt es nur noch als persönliche Leistung, als religiöse Tat. Uns kommt nur noch die Komödie bei. Unsere Welt hat ebenso zur Groteske geführt wie zur Atombombe, wie ja die apokalyptischen Bilder des Hieronymus Bosch auch grotesk sind. Doch das Groteske ist nur ein sinnlicher Ausdruck, ein sinnliches Paradox, die Gestalt nämlich einer Ungestalt, das Gesicht einer gesichtslosen Welt, und genauso wie unser Denken ohne den Begriff des Paradoxen nicht mehr auszukommen scheint, so auch die Kunst, unsere Welt, die nur noch ist, weil die Atombombe existiert: aus Furcht vor ihr. Doch ist das Tragische immer noch möglich, auch wenn die reine Tragödie nicht

Material
4

mehr möglich ist. Wir können das Tragische aus der Komödie heraus erzielen, hervorbringen als einen schrecklichen Moment, als einen sich öffnenden Abgrund; so sind ja schon viele Tragödien Shakespeares Komödien, aus denen heraus das Tragische aufsteigt.

Nun liegt der Schluß nahe, die Komödie sei der Ausdruck der Verzweiflung; doch ist dieser Schluß nicht zwingend. Gewiß, wer das Sinnlose, das Hoffnungslose dieser Welt sieht, kann verzweifeln; doch ist diese Verzweiflung nicht eine Folge dieser Welt, sondern eine Antwort, die er auf diese Welt gibt, und eine andere Antwort wäre sein Nichtverzweifeln, sein Entschluß etwa, die Welt zu bestehen, in der wir oft leben wie Gulliver unter den Riesen. Auch der nimmt Distanz, auch der tritt einen Schritt zurück, der seinen Gegner einschätzen will, der sich bereitmacht, mit ihm zu kämpfen oder ihm zu entgehen. Es ist immer noch möglich, den mutigen Menschen zu zeigen. [...]

Endlich: Durch den Einfall, durch die Komödie wird das anonyme Publikum als Publikum erst möglich, eine Wirklichkeit, mit der zu rechnen, aber die auch zu berechnen ist. Der Einfall verwandelt die Menge der Theaterbesucher besonders leicht in eine Masse, die nun angegriffen, verführt, überlistet werden kann, sich Dinge anzuhören, die sie sich sonst nicht so leicht anhören würde. Die Komödie ist eine Mausefalle, in die das Publikum immer wieder gerät und immer noch geraten wird. Die Tragödie dagegen setzt eine Gemeinschaft voraus, die heute nicht immer ohne Peinlichkeit als vorhanden fingiert werden kann. [...]

(aus: Theaterprobleme. In: F. Dürrenmatt:
Theaterschriften und Reden. Zürich 1966, 120 ff.)

Britische Wissenschaftler klonen erfolgreich erwachsenes Schaf

London (dpa). – Wissenschaftler des Roslin-Instituts bei Edinburgh in Schottland haben nach britischen Pressemeldungen vom Sonntag erstmals erfolgreich ein erwachsenes Tier geklont. Dabei wurden Zellen aus dem Euter eines ausgewachsenen Schafes als Träger der genetischen Information von den Eizellen eines Muttertieres aufgenommen, schreibt der *Observer*. Die Mutter habe vor sieben Monaten die genetische ›Kopie‹ zur Welt gebracht.

Das Schaf ›Dolly‹ soll den Angaben zufolge am Mittwoch der Öffentlichkeit vorgestellt werden. Es sei das erste Mal, daß ein gesunder Nachkomme aus der Zelle eines vollentwickelten Tieres gewachsen sei, hieß es. Die Entwicklung wird als Durchbruch in der biologischen Forschung und als **Triumph** für die britische Wissenschaft gefeiert.

dpa mz pe
231310 Feb 97

Die Geschichte der Fortpflanzungsmedizin

Welche Folgen wird der Einsatz der jetzt gewonnenen Erkenntnisse im Bereich der Fortpflanzungsmedizin haben? Die Geschichte der Fortpflanzungsmedizin der letzten fünfzig Jahre ist eine Geschichte permanenten Tabubruchs.
1944: Den Amerikanern J. Rock und M. F. Menkin gelingt die erste Befruchtung von menschlichen Eizellen im Reagenzglas.

1953: Zum ersten Mal werden tiefgefrorene Spermien zur künstlichen Befruchtung einer Frau eingesetzt.

1978: Louise Brown kommt als erstes im Reagenzglas künstlich befruchtetes Retortenbaby zur Welt. Robert Edwards, der medizinische ›Vater‹ des Retortenkindes, spricht die prophetischen Worte: »Die Ethik muß sich der Wissenschaft anpassen, nicht umgekehrt.«

1983: Einer Frau wird mit Erfolg ein fremdes, gespendetes Ei eingepflanzt.

1984: In Australien wird das Mädchen Zoe geboren, dessen Embryo eine Zeitlang tiefgefroren war.

1991: In Birmingham kommt das Kind einer Jungfrau zur Welt.

1992: In Italien wird Rosanna della Corte mit 62 Jahren Mutter, nachdem ihr ein fremdgespendetes Ei eingepflanzt wurde.

1993: In Amerika wird einer 53jährigen Frau die befruchtete Eizelle ihrer Schwiegertochter eingepflanzt, und sie bringt ihren eigenen Enkel zur Welt.

1994: Rodger Gosden von der Universität Edinburgh plant, abgetriebenen Föten Eizellen zu entnehmen, um sie zur Eispende zu benutzen. Die Folge wäre die Geburt von Kindern, deren genetische Mütter nie gelebt hätten.

1995: In Kalifornien kommt es zu einem Prozeß wegen Embryo-Diebstahls.

1996: In England entbrennt die Diskussion, ob die Vernichtung von dreitausend befruchteten Eizellen ein Massenmord ist.

(aus: Klonen – Wissenschaftler spielen Schöpfer. Klarstellungen 8/1997.
Hrsg. vom Bergmoser + Höller Verlag. Aachen 1997)

Wettlauf zwischen Ethik und Verstand

Am 23. Februar 1997 stellten Wissenschaftler des Roslin-Instituts im schottischen Edinburgh der Öffentlichkeit das Schaf ›Dolly‹ vor. Den Wissenschaftlern war es zum erstenmal erfolgreich gelungen, ein erwachsenes Tier zu klonen. Die International Herald Tribune bejubelte diese Präsentation als »größte wissenschaftliche Sensation des Jahres, womöglich des Jahrhunderts«, der britische Friedensnobelpreisträger Joseph Rotblat befürchtete, daß durch die bloße Existenz dieses Schafes »die Zukunft der Menschheit auf dem Spiel stehe«. »Angriff aufs letzte Tabu, Amoklauf der Phantasie, Natur von der Stange« oder »Der Traum vom Duplikat« lauteten weitere Schlagzeilen. Wie sind diese dramatischen und so unterschiedlichen Reaktionen zu erklären?

Was ist Klonung?

Mit den Begriffen Klon oder Klonung verbinden die meisten Menschen Horrorszenarien aus Science-Fiction-Romanen. Visionen, deren Realisierung bisher in ferner Zukunft lagen. Unter Klonen versteht man, vereinfacht ausgedrückt, die Herstellung (schon die Natur ›klont‹ eineiige Zwillinge) und Vermehrung erbgleicher Embryonen. Dazu bedienen sich die Wissenschaftler zweier Möglichkeiten: Seit langem praktiziert wird die *Methode der Embryonenteilung*. Dabei wird der Zellverband des Embryos nach wenigen Tagen getrennt und nach der Übertragung der einzelnen Teile in verschiedene Empfängertiere entstehen so identische Mehrlinge. Dieses Verfahren wird seit langem bei Pflanzen (Stecklinge, Ableger) angewendet, und in den letzten zehn Jahren ist auf diese Weise auch das Klonen von Fröschen und Mäusen gelungen. Erst vor einem Jahr präsentierte der schottische Embryologe Ian Wilmut, der auch der ›Vater‹ von Dolly ist, zwei auf diese Weise geklonte Schafe.

Die neue Sensations-Methode der Klonung, die in Schottland angewandt wurde, ist als *Kerntransplantation* etwas völlig anderes. Bei dieser Methode wird aus einer Eizelle der Zellkern mit den Erbinformationen entfernt und durch den Zellkern einer Körperzelle des Tieres, dessen Reproduktion angestrebt wird, ersetzt. Auf diese Weise hat das Schaf ›Dolly‹ keinen Vater, aber drei Mütter: Die Eimutter, der die Eizelle entnommen wurde, die Genmutter, deren Körperzelle mit der Eizelle verschmolzen wurde und eine Leihmutter, der die befruchtete Eizelle eingepflanzt wurde und die das Schaf ausgetragen hat. Das wissenschaftlich Sensationelle ist, daß es den Forschern gelungen ist, eine hochspezialisierte Körperzelle – im Fall ›Dolly‹ eine Euterzelle – so zu behandeln, daß sie wieder in der Lage ist, die Entwicklung eines vollständigen Organismus zu steuern. Das galt bisher unter Wissenschaftlern als so utopisch »wie der Bau einer Zeitmaschine«, denn es war ein wissenschaftliches Dogma, daß die Entwicklung einer Urzelle zu einer spezialisierten Körperzelle unumkehrbar sei.

(aus: Klonen. Klarstellungen 8/1997)

Was geht es uns an, wenn Wissenschaftler ›klonen‹?

Selbst kluge Leute behaupten, die »wissenschaftliche Leistung« übertreffe an Wirkung die Entdeckung der Atomspaltung. Schottische Mediziner und Biologen haben das Schaf Dolly geklont. Es ist genetisch völlig identisch mit seiner Mutter, ja, es ist seiner Mutter wortwörtlich aus dem Leib geschnitten.

Diesmal haben die Forscher nämlich nicht mit den Keimzellen des Tieres – mit Ei- und Samenzelle – gespielt; das tun sie schon lange. Diesmal haben sie sich eine beliebige der Millionen Körperzellen genommen, und zwar aus dem Euterfleisch des Mutterschafs. Sie haben dieser Zelle beigebracht, wieder – wie am Anfang allen Lebens – Urzelle zu sein, und sie mit einer leeren Eizelle, aus der alle Gene abgesaugt wurden, in Verbindung gebracht. So entstand Dolly, bis aufs letzte Härchen dem Muttertier gleich. Oder gibt es gar kein Muttertier? Lebt es gar als sein eigenes Kind weiter?

Die simplen Fragen zeigen, was hier in Gang gesetzt wurde: dem lebenden Organismus wird das ICH entzogen. Die Gelehrten nennen so etwas »totale Entindividualisierung«. Eilfertig behaupten die Wissenschaftler, am Menschen werde man solche Experimente nicht vornehmen. Gleichzeitig wird das Klonen von zwei Rhesusäffchen bekannt. Schon solche Eingriffe in die Einzigartigkeit der Tierwelt sind barbarisch.

Nun mal halblang! protestiert der Fortschritt. Die Freiheit der Wissenschaft verlangt unbegrenzte Forschung. Nein, antwortet das christliche Gewissen; denn der Mensch ist sittlich-moralisch seinem eigenen Verstand nicht gewachsen.

(aus: Klarstellungen 8/1997)

Vergegenwärtigt man sich die Äußerungen von führenden Philosophen der Zeit nach dem Zweiten Weltkrieg, die sich über den Humanismus zu verständigen suchten, so zeigt sich etwas Verblüffendes: Die Überwindung des Humanismus, ja gar ein Ende des Menschen wurde von diesen Philosophen gedacht, als noch niemand an das Klonieren »dachte«, geschweige denn es praktizierte. Und in dieser Debatte dachte man, dass das Ende des »Prinzips Mensch« vielleicht auch für den Menschen keine Katastrophe sei. Als grundlegende Tendenz der Humanismusdebatte der Nachkriegszeit ist nämlich zu erkennen: Es wird nicht mehr im traditionellen Sinne affirmativ ein Wesen des Menschen behauptet und propagiert. Ja, der Mensch sollte überhaupt von sich absehen lernen, nicht allein zugunsten der Welt, sondern auch zu seinen Gunsten. Nicht zuletzt dadurch birgt ihre [der Philosophen] Auseinandersetzung mit dem Humanismus so viel Brisanz, nicht zuletzt dadurch ist sie auch heute noch aktuell. Exemplarisch kann dies mit einer Äußerung Heideggers belegt werden, in der von der Vorbereitung eines technologischen Angriffs »auf das Wesen des Menschen« die Rede ist: »Im Sommer dieses Jahres 1955 fand in Lindau wieder das internationale Treffen der Nobelpreisträger statt. Bei dieser Gelegenheit sagte der amerikanische Chemiker Stanley Folgendes: ›Die Stunde ist nahe, wo das Leben in die Hand des Chemikers gelegt ist, der die lebendige Substanz nach Belieben abund aufbaut und verändert.‹ Man nimmt einen solchen Ausspruch zur Kenntnis. Man bestaunt sogar die Kühnheit der wissenschaftlichen Forschung und denkt nichts dabei. Man bedenkt nicht, dass sich hier mit den Mitteln der Technik ein Angriff auf das Leben und das Wesen des Menschen vorbereitet, mit dem verglichen die Explosion der Wasserstoffbombe wenig bedeutet.« (Gelassenheit, 5. Aufl. 1977, S. 20)

Warum aber zweifelte Heidegger daran, den Angriff der Biotechnologie auf das Wesen des Menschen mit den Waffen aus dem Arsenal der altehrwürdigen humanistischen Tradition parieren zu können? Warum – im Gegenteil – dieser Angriff auf den Menschen, das Prinzip Mensch, warum diese Vorbehalte gegen den Humanismus?

Der fundamentale Grund liegt darin, dass die Philosophen der Nachkriegszeit das geistesgeschichtliche Humanismusprojekt verloren geben. Und zwar deshalb, weil man glaubt, dass es versagt hat oder überholt ist. Dieses Projekt war ein pädagogisches Konzept, das mit dem Fortschrittsgedanken verknüpft war. Lessing wollte die »Erziehung des Menschengeschlechts«. »Bildung« war der grundlegende Begriff dieser Konzeption, wobei Bildung noch nicht bildungsbürgerlich verstanden wurde, sondern sich bilden im nachdrücklichen Sinn des Wortes meinte: Die Menschheit sollte die eigene rohe Natur besänftigen, humanisieren, zu Einsicht und sittlicher Reife gelangen zum Wohle aller. Der Mensch sollte zu sich kommen, sollte ein autonomes Wesen werden. Der Mensch sollte sich perfektionieren. Dieses moralpädagogische Bildungskonzept, so die Auffassung der Kritiker, hat versagt. Woher weiß man das so genau? Es gibt für die Kritiker einen Beweis, den uns die Geschichte selbst aufs Anschaulichste demonstriert hat: die Katastrophen des 20. Jahrhunderts. Nach Adorno hat Auschwitz das Misslingen der Kultur unwiderlegbar bewiesen. Für die philosophische Avantgarde der Nachkriegszeit waren Stalinismus und Faschismus nicht ein Betriebsunfall, sondern ein genuines Produkt der abendländischen Rationalität, der abendländischen Humanität – des sich verabsolutierenden Menschen.

Material 5

Im geistesgeschichtlichen Humanismusprojekt ging es um die Perfektibilität des Menschen. Und nun ist man erneut verblüfft: Genau diese Rhetorik wird heute von den technologisch orientierten Wissenschaftlern praktiziert, wenn sie ihr Tun vor dem Publikum zu legitimieren suchen. Ihnen geht es, so kann man es immer wieder lesen und hören, um die Schaffung »besserer menschlicher Wesen«. So äußert sich beispielsweise der Nobelpreisträger James Watson. Und für Stephen Hawking sind die Bemühungen zur Entschlüsselung des menschlichen Erbguts ein »Projekt zur Optimierung des Menschen«. »Besser« wird dabei aber nicht bloß in Bezug auf körperliche Gesundheit verstanden, sondern mehr und mehr auch in Bezug auf die geistige. Man wendet sich dabei nicht der Moral, sondern dem Verhalten des Menschen zu. An die Stelle des aufklärerisch-moralpädagogischen Programms tritt die Gen-Programmierung, die auf einem einfachen Gedanken beruht, den zu realisieren freilich schwierig genug bleibt: Für die Moral – etwas Gesellschaftlich-Geschichtliches, das zu erlernen ist – gibt es keine Gene, wohl aber für das Verhalten. Es gilt daher, Gene zu finden, welche das Verhalten des Menschen steuern; diese sind dann so zu manipulieren, dass es zum Wohle der Menschheit ist. Diese naturwissenschaftlich-technische Gestaltung des Menschen steht zwar im Gefolge der humanistischen Aufklärungskonzeption – sie schlägt ihr aber zugleich ins Gesicht: Der Mensch steuert sein Handeln nicht mehr als ein für sich seiendes Wesen durch Überleben, Geist, Willen, Moral, sondern durch Manipulation eines objektivierten Körpers durch bessere Programmierung seiner biologischen »Natur«.

Immerhin trauen die Philosophen dem Menschen als geistigem Wesen eine Wende zu. Wenngleich sie die Autonomie des Menschen nicht mehr in der traditionell-humanistischen Form verstehen können, so geben sie diese Autonomie nicht einfach preis. Menschsein wird nicht mehr von einem gleich bleibenden allgemeinen Wesen her gedacht; und Menschsein wird nicht mehr aus sich und durch sich selbst verstanden, sondern in der Ausrichtung auf anderes. Daraus ergibt sich für die philosophische Avantgarde ein neues Freiheitsverständnis: Es geht nicht nur um die Freiheit des Menschen, die Wahlfreiheit im Handeln, sondern es geht um die Freiheit des Menschen von sich selbst. Der Geist des »neuen Humanismus« (Jaspers) [s. auch S. 98, 1. Abs., der vorliegenden Arbeit] ist der Geist der Selbstpreisgabe, sollte zugleich eine Selbsterfüllung sein. Damit dürfte die entscheidende Differenz zwischen dem »Posthumanismus« der Technologen und dem der Philosophen deutlich geworden sein. Die Biotechnologie sucht den Menschen objektiv zu überwinden: Sie geht ihn von seinem objektivierten Körper her an, auch dort, wo sie sich um seinen Geist kümmert; die Philosophie geht den Menschen von seiner Selbstkonzeption her an: von seinem Denken, seinem Selbstverständnis her, auch dort, wo sie sich um seinen Körper kümmert. Der technologische Posthumanismus gibt den »alten« Menschen preis, der philosophische sucht die geistesgeschichtlich erkämpfte Autonomie dieses Menschen zu bewahren – unter radikaler Kritik (»Destruktion«) ihrer geschichtlich-humanistischen Konkretisierung.

Wir stehen heute an einer entscheidenden Weggabelung. Erfahrene Tourengänger wissen, dass man einen langen und gefährlichen Weg vom Ende her angehen muss. Aus dieser Perspektive gesehen, verlieren wir unsere Autonomie und liefern uns den Anthropo-Designern und ihren philosophischen Schönrednern aus, wenn wir die Biotechnologie akzeptieren. Mit der Option für das Menschsein aber versuchen wir, wir selbst zu bleiben, uns weiterhin als geistig-moralische Wesen zu bestimmen.

Wofür optieren wir? Sagen wir später nicht, falls es für Sagende und Denkende noch ein Später gibt, wir hätten es nicht gewusst.

Der Autor lehrt Philosophie an der Universität Bonn.

(aus: Rheinischer Merkur, Nr. 32/2002, S. 17. Der Essay ist gekürzt.)

Ein Leserbrief zu »Umbau des Menschen«

Gutmensch durch Gentechnologie
Dieser philosophische Exkurs in den Posthumanismus verdeutlicht die wunderlichen Wege der Menschheit zur Überwindung der Sünde unter Umgehung des Kreuzes. Dass die Religion die Menschen nicht durch Strafandrohung bessern konnte, die sozialistische Moral ihr Umerziehungsprogramm zur Bescheidenheit der Gleichen verfehlte und dass die Proklamation einer überlegenen arischen Rasse mit Totalverlust endete, hat nicht genügt. Nun also der gentechnologische Gedanke, den Gutmenschen zu programmieren, da auch der Versuch scheiterte, per Akklamation den Gutmenschen in liberaler Weitherzigkeit auszurufen. Sie Sünde blieb! Wenn es gelänge, den freien Willen zu manipulieren, dann entfielen sowohl persönliche Verantwortung als auch das Jüngste Gericht!

H. N.

(aus: Rheinischer Merkur, zur Ausgabe Nr. 32/2002, S. 17.)

Die Physiker II: Weltraum-Psalm, 1973, von Friedrich Dürrenmatt

(aus: Friedrich Dürrenmatt, Bilder und Zeichnungen
© 1978 by Diogenes Verlag AG Zürich)

Therese Giehse als Fräulein von Zahnd in der Fernsehinszenierung der »Physiker«
(1964)

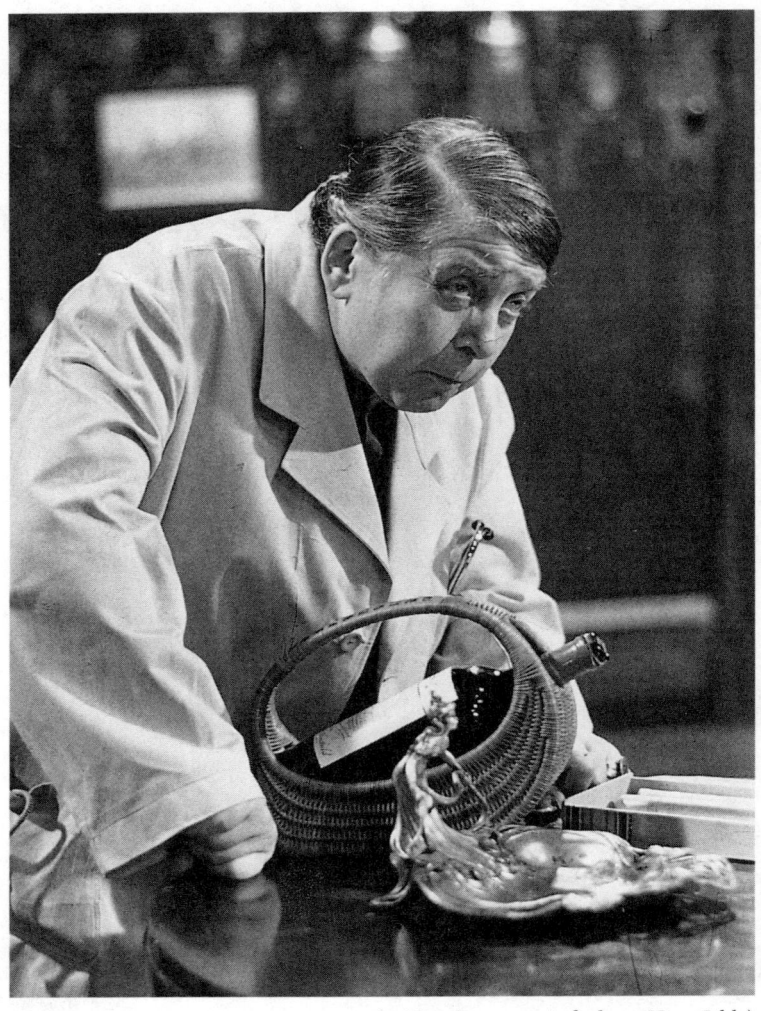

(© SDR, Stuttgart. Aufnahme: Hugo Jehle)

Anhang

Anmerkungen

[1] Vgl. dazu auch: Frl. Doktor:»Ich mußte euch unschädlich machen. Durch eure Morde. Mit euerm Handeln konnte ich rechnen. Ihr waret bestimmbar wie Automaten und habt getötet wie *Henker*.« (71) (Kursiv v. Verf.)

[2] Vgl. Frau Rose, gesch. Möbius

[3] F. Dürrenmatt: *DAS VERSPRECHEN*. Lizenzausgabe für den Bertelsmann-Lesering, o. J.

[4] Dürrenmatt: *THEATERSCHRIFTEN UND REDEN*. a.a.O., zit. »Th.«

[5] Vgl. *DIE PANNE* (Novellenfassung): Auch hier erhält das Gespräch während eines Abendessens inquisitorischen Charakter, sodass zuletzt dem zufällig anwesenden Vertreter seine Schuld deutlich wird.

[6] Neues Testament, Matthäus 5,3

[7] Vgl. dagegen Punkt 17/18 in den *PHYSIKERN*

[8] Jungk, R.: a.a.O., 10:»Denn die Wissenschaftler sind die von Tragik umwitterten Könige unserer Zeit.«

[9] Vgl. Altes Testament u. a. 1. Könige 3 (5–15), Sprüche Sal. Kap. 1 (1–9), Kap. 8 (1–31)

[10] Vgl. das leitmotivisch wiederkehrende Thema der Vertauschbarkeit der Ordnungssysteme.

[11] Zit. n. Brecht, B.: *LEBEN DES GALILEI*. Frankfurt 1963, ed. suhrkamp 1

[12] Eingefügt durch den Verfasser

[13] Eingefügt durch den Verfasser

[14] Eingefügt durch den Verfasser

[15] Im Folgenden zit. n. ed. suhrkamp, 1968

[16] Interview im Zusammenhang mit der Mondumkreisung der russischen Sonde 5 und Webbs Rücktritt aus Protest wegen der zu geringen Förderung des amerikanischen Weltraumprogramms. Zit. n. Stuttgarter Zeitung Nr. 221 v. 24. 9. 1968, 1

[17] In DU (1965), 6, 56 ff., bezieht Massberg in seinem Vergleich *DER GESPALTENE MENSCH* außer den Physikergestaltungen von Brecht, Dürrenmatt, Kipphardt auch Carl Zuckmayers Kriminalstück: *DAS KALTE LICHT* ein. Auf diesen Aufsatz sei als Ergänzung verwiesen. Zuckmayers Stück fällt in der Stoff- und Problembehandlung, trotz einiger formaler Parallelen, aus dem Rahmen dieser Untersuchung. Dort geht es um die Haltung des Forschers zu bereits geschaffenen Forschungsresultaten: Wissensverrat und ihre Begründung. Außerdem ist der Text nur als Teil der Ges. Werke (Fischer Verlag) erhältlich, was eine Besprechung in der Klasse aus finanziellen Gründen erschwert.

[18] Dürrenmatt wohnt selbst in Neuenburg etwas oberhalb des Neuenburger Sees.

[19] Brock-Sulzer, E.: a.a.O., 40

[20] Der Abschnitt über das Groteske in den *PHYSIKERN* ist Kayser, W.: *DAS GROTESKE IN MALEREI UND DICHTUNG* verpflichtet (Hamburg: Rowohlt, 133 ff., rde 107).

[21] Dürrenmatt: *HERKULES UND DER STALL DES AUGIAS*, 66

[22] Eingefügt vom Verfasser

[23] Vgl. Regieanweisung zu Akt I und Schlusswort von Möbius

[24] Vgl. Schlusswort von Akt II

[25] Dürrenmatt: *ROMULUS DER GROSSE*. Zürich: Arche. Erstaufführung in Basel 1949

[26] Dürrenmatt: *DER BLINDE*. Zürich: Arche. Erstaufführung in Basel 1948.

[27] Zitat bei Jungk, R.: a.a.O., 10

[28] Auch unter diesem Aspekt ist Salomo ein anderer geworden.

[29] In seiner Erzählung *DER TUNNEL* gestaltete Dürrenmatt 1951 eine ähnliche Situation.

[30] In Dürrenmatts Werk: *PORTRÄT EINES PLANETEN* (Uraufführung Herbst 1970) wird dieses Thema weiter verfolgt und zu einer »grotesken Selbstzerstörungsorgie der Menschheit« (H. Buckwitz) gestaltet. (Vgl. [Züricher] Tagesanzeiger 21. 8. 70, 21)

[31] Im Folgenden zit. n. der Einzelausgabe des Stückes im Verlag Die Arche, Zürich 1963

[32] Kursiv v. Verf.

[33] Anklänge an Goethes »Prometheus« sind hier unverkennbar.

[34] Zit. n. der Ausgabe bei Reclam, UB 659, 20/21

[35] Bienek, H.: Werkstattgespräche mit Schriftstellern. München 1962, 102

[36] Dürrenmatt: *DER VERDACHT*. Reinbek b. Hamburg: 1961, rororo 448

[37] September 97: Gründung des Centre Dürrenmatt in Neuchâtel (CH). Bauliche Realisation durch den Stararchitekten Mario Botta unter Einbeziehung des ehemaligen Wohnsitzes von F. Dürrenmatt.

[38] Aus dem Schweizerischen Literaturarchiv in Bern, das den gesamten Dürrenmatt-Nachlass besitzt, ist zu erfahren, dass von den *PHYSIKERN* acht Fassungen existieren. Die *ERSTE* Fassung ist skizzenhaft und fragmentarisch. Im frühesten Text gibt es einen Herrn Dr. Zahnd (1961). Für die Schauspielerin am Zürcher Schauspielhaus, Therese Giehse – sie machte diese Figur zur herausragenden Gestalt –, wurde daraus Fräulein Dr. v. Zahnd. Die Entwicklung der Fassungen zeigt eine deutliche Ideenagglomeration. So kristalli-

sierte sich bei dieser Figur an das ursprüngliche Motiv der Machtbesessenheit das Irrsinnsmotiv an.

Dürrenmatt änderte während der Proben nach Vorschlägen der Schauspieler seine Texte.

Literaturverzeichnis

Dieser Arbeit liegen folgende Einzelausgaben zugrunde:

Brecht, Bertolt: Leben des Galilei. Frankfurt 1963, ed. suhrkamp 1

Dürrenmatt, Friedrich: Die Physiker. Zürich: Diogenes Verlag detebe 208371 (Zitate in Klammern)

–: Ein Engel kommt nach Babylon. Zürich 1963

–: Theaterschriften und Reden. Zürich 1966

Jungk, Robert: Heller als tausend Sonnen. Reinbek b. Hamburg 1968, rororo 6629/6630

Kipphardt, Heinar: In der Sache J. R. Oppenheimer. Frankfurt: Suhrkamp 1968, ed. suhrkamp 64

Sophokles: Antigone. Stuttgart: Reclam 1956, UB Nr. 659

Sekundärliteratur

Arnold, Armin: Friedrich Dürrenmatt. Berlin 1986

Bänziger, Hans: Frisch und Dürrenmatt. Tübingen 1987

Brock-Sulzer, Elisabeth: Friedrich Dürrenmatt. Zürich 1986

Bienek, Horst: Der unbequeme Dürrenmatt. Basel 1962

–: Dürrenmatt in unserer Zeit. Basel 1968

Gertner, H.: Das Komische im Werk F. Dürrenmatts. Bern 1984

Keel, Daniel: Über Friedrich Dürrenmatt. Zürich 1990 (Ausführliche Bibliografie)

Knapp, Gerh. P.: Friedrich Dürrenmatt. Stuttgart 1993 (Bibliografie)

Knopf, Jan: Friedrich Dürrenmatt. München 1988

Kost, Jürgen: Geschichte als Komödie. Königsh./Neum. 1996

Mayer, Hans: Dürrenmatt und Frisch. Frankfurt 1992

Muhres, M.: Dürrenmatts Begriff der Verantwortung. Diss. Frankfurt 1974

Profitlich, Ulrich: Friedrich Dürrenmatts Komödienbegriff und Komödienstruktur. Stuttgart 1973

–: Der Zufall in den Komödien und Detektivromanen Friedrich Dürrenmatts. Z. für Deutsche Philologie 90 (1971), 258 ff.

Steiner, Jacob: Die Komödie Dürrenmatts. In: DU (1963), H. 6

Tinsanen, Timo: Dürrenmatt. A study in plays, prosa, theory. Princeton, N. J., 1977

Ergänzende Sekundärliteratur

Bloch, P. A.: Gespräch mit Dürrenmatt (126 ff.). In: Bloch, P. A.: Gegenwartsliteratur. Mittel und Bedingungen ihrer Produktion. Eine Dokumentation. Bern 1975

Charbon, R.: Die Naturwissenschaften im modernen deutschen Drama. Zürich, München 1974

Durzak, Manfred: Dürrenmatt, Frisch, Weiss. Deutsches Drama der Gegenwart zwischen Kritik und Utopie. Stuttgart 1972

Kayser, W.: Das Groteske in Malerei und Dichtung. Hamburg: Rowohlt o. J. rde 107.

Zur Erweiterung des Themenkreises

Dürr, Hans-Peter: Das Netz des Physikers. München 1988

Heisenberg, Werner: Gespräche im Umkreis der Atomphysik. München 1969

Jaspers, Karl: Die Atombombe und die Zukunft des Menschen. München 1960, 4. Aufl.

Koch, Claus: Ende der Natürlichkeit. Eine Streitschrift zu Biotechnik und Biomoral. München 1994

Winnacker, E. L.: Das Genom – Möglichkeiten und Grenzen. Frankfurt 1996

Zur Erweiterung der Unterrichtsarbeit empfiehlt sich

Geißler, Rolf: Zur Interpretation des modernen Dramas. Frankfurt o. J. (In diesem Buch sind Brecht: LEBEN DES GALILEI und Dürrenmatt EIN ENGEL KOMMT NACH BABYLON, die in der vorliegenden Arbeit nur unter einem Teilaspekt Berücksichtigung finden konnten, ausführlicher besprochen.)

Zeittafel zu Leben und Werk

1921 geboren am 5. Januar in Konol-
fingen (Kanton Bern) als Sohn
eines protestantischen Pfarrers
1935 Umzug der Familie nach Bern;
Besuch des Gymnasiums
1941 Maturität: Beginn des Studiums
(Philosophie, Literatur- und Naturwissenschaften, zuerst in
Zürich, dann in Bern)
1943 Erste schriftstellerische Versuche
1947 Heirat mit Lotti Geißler
1952 Umzug ins eigene Haus in
Neuchâtel
1954 Literaturpreis der Stadt Bern;
Regiearbeit am Stadttheater Bern
1957 Hörspielpreis der Kriegsblinden
für *Die Panne*
1958 Prix Italie; Literaturpreis der
Tribune de Lausanne
1959 Schillerpreis der Stadt Mannheim (Vortrag Friedrich Schiller)
und zahlreiche andere Ehrungen
1960 Großer Preis der Schweizerischen Schillerstiftung
1968 Grillparzer-Preis der österreichischen Akademie der Wissen-
schaften
1969 Ende des ›Basler Experiments‹
(Zusammenarbeit mit dem

Stadttheater Basel); Großer Literaturpreis des Kantons Bern
1974 Ehrenmitgliedschaft der Ben-
Gurion-Universität Beerschewa
1977 Verleihung der Buber-Rosen-
zweig-Medaille; Ehrendoktorate
der Universitäten Nice und Jeru-
salem
1979 Großer Literaturpreis der Stadt
Bern
1981 Ehrendoktor der Universität
Neuchâtel
1983 Tod seiner Frau Lotti. Ehrendoktor der Universität Zürich
1984 Österreichischer Staatspreis für
Literatur. Heirat mit der Schauspielerin Charlotte Kerr. Carl-
Zuckmayer-Medaille von Rhein-
land-Pfalz
1986 Büchner-Preis der Stadt Darm-
stadt
1989 Ernst-Robert-Curtius-Preis für
Essayistik. Vermacht den literari-
schen Nachlass einem zu grün-
denden Schweizerischen Literaturarchiv
1990 gestorben am 14. Dezember in
Neuchâtel

Uraufführungen

1947 *Es steht geschrieben*, Schauspielhaus Zürich. Neufassung
1967 unter dem Titel *Die Wiedertäufer*
1948 *Der Blinde*, Stadttheater Basel
1949 *Romulus der Grosse*, Stadttheater Basel
1952 *Die Ehe des Herrn
Mississippi*, Münchener
Kammerspiele

1953 *Ein Engel kommt nach Babylon*, Münchener Kammerspiele
1956 *Der Besuch der alten Dame*,
Schauspielhaus Zürich
1959 *Frank der Fünfte*, Schauspielhaus Zürich
1962 *Die Physiker*, Schauspielhaus
Zürich
1963 *Herkules und der Stall des
Augias*, Schauspielhaus Zürich

1966 DER METEOR, Schauspielhaus
Zürich
1967 DIE WIEDERTÄUFER, Schauspielhaus Zürich
1969 PLAY STRINDBERG
1970 PORTRÄT EINES PLANETEN,
Düsseldorfer Schauspiel-
haus

1971 Uraufführung der Oper DER
BESUCH DER ALTEN DAME von
Gottfried von Einem
1973 DER MITMACHER, Schauspiel-
haus Zürich, Regie: Andrzej
Wajda/Friedrich Dürrenmatt
1977 DIE FRIST, Schauspielhaus
Zürich
1983 ACHTERLOO, Schauspielhaus
Zürich

Prosa

1945 DER ALTE, Erzählungen
1951/52 KRIMINALROMANE. Erzählungen
1952 DIE STADT. Prosa I–IV
1955 GRIECHE SUCHT GRIECHIN. Eine
Prosakomödie
1957 DER RICHTER UND SEIN HENKER
ES GESCHAH AM HELLICHTEN TAG
1960 Drehbuch zu DIE EHE DES
HERRN MISSISSIPPI

1971 DER STURZ
1981 STOFFE I–III. Neuauflage 1990
als LABYRINTH. STOFFE I–III
1985 JUSTIZ. Roman
1986 DER AUFTRAG. Novelle
1989 DURCHEINANDERTAL. Roman
1990 TURMBAU. STOFFE IV–IX
DER PENSIONIERTE. Fragment
eines Kriminalromans (Nachlass)

Sonstige Publikationen

1951/52 Theaterkritiken
1952 Hörspiele
1955 THEATERPROBLEME
1964 Erstaufführung des Films ›Der
Besuch der alten Dame‹ (The
Visit) in Deutschland (Regie:
Bernhard Wicki)
1976 ZUSAMMENHÄNGE. Essay über
Israel. Eine Konzeption.

1978 BILDER UND ZEICHNUNGEN
1979 ALBERT EINSTEIN. Vortrag
1988 VERSUCHE
1991 KANTS HOFFNUNG
1992 GEDANKENFUGE
1993 DAS MÖGLICHE IST UNGEHEUER.
Ausgewählte Gedichte
1996 GESPRÄCHE 1961–1990. 4 Bände